ENFRENTANDO LAS SOMBRAS

Herramientas prácticas para manejar
la depresión y la ansiedad

José Manuel Rodríguez

Primera edición: octubre, 2023
© 2023, José Manuel Rodríguez

El *copyright* estimula la creatividad, defiende la diversidad en el ámbito de las ideas y el conocimiento, promueve la libre expresión y favorece una cultura viva, es por eso que le agradecemos la adquisición de esta copia autorizada y por respetar las leyes del *copyright* al no reproducir, escanear ni distribuir ninguna parte de esta obra por ningún medio sin permiso. Al hacerlo está respaldando a los autores y permitiendo que se continúe publicando libros para todos los lectores.

Hecho en Colombia – *Made in Colombia*

ISBN: 978-9962-17-813-2

Dedicado a todos aquellos que han luchado en las sombras de la depresión y la ansiedad. A aquellos que han demostrado una inquebrantable fortaleza y valentía mientras enfrentaban los desafíos internos más profundos. Que este libro les brinde las herramientas y la esperanza necesarias para iluminar su camino y encontrar la paz en medio de la oscuridad. Que encuentren la fuerza para escribir su propia historia de sanación y empoderamiento. Esta obra está dedicada con profundo respeto y solidaridad a cada individuo que está en su camino hacia la luz.

EL AUTOR

José Manuel Rodríguez nació el 26 de mayo de 1992 en la provincia de Chiriquí, Panamá. Desde una edad temprana, mostró un gran interés por la escritura, pasando horas escribiendo poemas románticos y otros.

Después de completar sus estudios secundarios, tras obtener su título técnico superior en Informática Empresarial y Ciberseguridad, decidió dedicarse por completo al liderazgo comunitario. También es conocido por su activismo en cuestiones sociales, políticas, deportivas y más. Ha participado en charlas y paneles sobre la representación de la mujer y la juventud, y campesinos de la zona.

Hoy en día, escribe su primera obra literaria con el fin de poder llevarla a más personas y que puedan tener un manual instructivo para enfrentar estas condiciones a nivel psicológico pero que afecta a su entorno social, laboral y familiar.

Contenido

Prólogo 9

Temario 12

Introducción: 15

1. Comprendiendo la depresión y la ansiedad 17
2. La ciencia detrás de las emociones 24
3. Estrategias de autocuidado 32
4. Técnicas de manejo del estrés 40
5. Reestructuración cognitiva 48
6. Establecimiento de metas y planificación 56
7. Red de apoyo social 64
8. Estrategias de afrontamiento creativo 73
9. Transformando la autoimagen 82
10. Manteniendo el progreso a largo plazo 91

Historia anónima sobre ansiedad: Ana 100

Historia anónima sobre depresión: María 103

Conclusión 106

Referencias 108

Prólogo

En algún momento de nuestras vidas, todos atravesamos instantes de oscuridad. Esos momentos en los que las sombras parecen abrazarnos y la luz parece distante. La depresión y la ansiedad pueden teñir nuestro mundo con estas sombras, nublando nuestra percepción y haciéndonos sentir atrapados en un torbellino de emociones abrumadoras. Sin embargo, dentro de estas sombras también yacen herramientas de resiliencia, fuerza y esperanza.

Este libro, no solo es un manual, es una guía comprensiva que te acompaña en un viaje de autodescubrimiento y recuperación. A medida que te sumerjas en sus páginas, encontrarás un enfoque empático y basado en la evidencia para abordar dos de los desafíos más comunes en la salud mental.

La depresión y la ansiedad no son signos de debilidad ni algo que deba ser ocultado en las sombras. Son experiencias humanas genuinas que pueden afectar a cualquiera, en cualquier etapa de la vida. Pero aquí, en este libro, encontrarás una brújula para navegar a través de estas experiencias, aprenderás a enfrentar los desafíos con herramientas prácticas y a encontrar la luz en medio de la oscuridad.

Cada capítulo es una lente a través de la cual explorarás diferentes aspectos de la depresión y la ansiedad. Desde la comprensión de sus raíces y diferencias, hasta el fortalecimiento de tu resiliencia, el enriquecimiento de tus relaciones y la celebración de tus propias victorias.

Pero más allá de la información, te ofrece algo aún más valioso: una voz amiga que te guía, un recordatorio constante de que no estás solo en tu camino. Al leer las historias de aquellos que han enfrentado las mismas sombras y han encontrado la manera de salir de ellas, descubrirás que la esperanza es más que una palabra; es un poderoso motor de cambio.

En tus manos tienes una oportunidad de transformación y no esperes a que las sombras se disipen por sí solas. Agarra estas herramientas con determinación y curiosidad. Cada página es una invitación a enfrentar las sombras con valentía, a construir un puente hacia la luz y a abrazar la posibilidad de una vida plena y significativa.

El viaje comienza aquí. Permítete explorar, aprender y crecer. Juntos, enfrentaremos las sombras y descubriremos la fuerza interior que brilla en cada uno de nosotros.

En este prólogo se establece la premisa del libro como una guía para abordar la depresión y la ansiedad con herramientas prácticas y estrategias efectivas. Se destaca la importancia de comprender y enfrentar las sombras emocionales para encontrar un camino hacia la sanación y el bienestar.

Temario

Capítulo 1: Comprendiendo la depresión y la ansiedad. En este capítulo introductorio, se explora en profundidad la naturaleza de la depresión y la ansiedad. Se proporciona información sobre los síntomas, las causas subyacentes y la relación entre ambas condiciones. El objetivo es brindar una base sólida para comprender el alcance de estas experiencias emocionales.

Capítulo 2: La ciencia detrás de las emociones. Este capítulo se adentra en la comprensión científica de cómo funcionan las emociones en el cerebro y cómo influyen en nuestro comportamiento. Se explican los procesos neurobiológicos que subyacen a las respuestas emocionales y se conecta este conocimiento con la manera en que se abordarán las estrategias de manejo.

Capítulo 3: Estrategias de autocuidado. Se discuten diversas prácticas para nutrir el cuerpo y la mente, incluyendo hábitos de sueño saludables, una alimentación adecuada y la importancia de la actividad física. Se resalta cómo estas acciones pueden tener un impacto directo en la gestión de la depresión y la ansiedad.

Capítulo 4: Técnicas de manejo del estrés. Se exploran las técnicas específicas para manejar el estrés, que a menudo contribuye a la exacerbación de la depresión y la ansiedad. Se presentan métodos de relajación, meditación y técnicas de respiración que pueden ayudar a reducir los niveles de estrés y fomentar la calma mental.

Capítulo 5: Reestructuración cognitiva. El foco se desplaza hacia la reestructuración de los patrones de pensamiento negativos. Se examina cómo los pensamientos automáticos y distorsionados pueden contribuir a la depresión y la ansiedad, y se presentan técnicas para desafiar y cambiar estos patrones.

Capítulo 6: Establecimiento de metas y planificación. Se aborda la importancia de establecer metas realistas y alcanzables como parte del proceso de manejo. Se proporciona orientación sobre cómo definir objetivos significativos y cómo planificar pasos concretos para alcanzarlos, lo que puede brindar un sentido de logro y propósito.

Capítulo 7: Red de apoyo social. Se explora la relevancia de mantener relaciones saludables como parte del proceso de manejo. El capítulo se centra en cómo las conexiones sociales pueden proporcionar apoyo emocional y práctico, y cómo pueden influir en la recuperación.

Capítulo 8: Estrategias de afrontamiento creativo. Se explora cómo las actividades artísticas y creativas pueden ser utilizadas como herramientas de afrontamiento. Se discute cómo la expresión artística puede proporcionar una vía de escape emocional y cómo puede contribuir a la gestión de la depresión y la ansiedad.

Capítulo 9: Transformando la autoimagen. Se aborda cómo los pensamientos negativos acerca de uno mismo pueden influir en la depresión y la ansiedad, y se presentan estrategias para construir una autoimagen positiva y realista.

Capítulo 10: Manteniendo el progreso a largo plazo. Se centra en la sostenibilidad a largo plazo de las estrategias de manejo. Se discuten técnicas para prevenir recaídas, desarrollar resiliencia y mantener el progreso en el tiempo.

Introducción:
Descubriendo la luz en la oscuridad

En la vasta travesía de la vida, todos enfrentamos momentos en los que las sombras de la depresión y la ansiedad se ciernen sobre nosotros. Estas sombras pueden nublar nuestra visión, apagar nuestras esperanzas y hacer que el camino parezca abrumadoramente difícil. Sin embargo, en medio de la oscuridad, siempre existe la posibilidad de encontrar la luz.

Este libro nace de la convicción de que la resiliencia humana es una fuerza poderosa que puede iluminar incluso los rincones más oscuros de nuestra experiencia emocional. A lo largo de estas páginas, te invito a explorar estrategias concretas y prácticas que te ayudarán a enfrentar estos desafíos internos con valentía y comprensión.

La depresión y la ansiedad no son enemigos invencibles. Son estados emocionales que, aunque abrumadores, pueden ser comprendidos y manejados. En este viaje, descubriremos la ciencia detrás de nuestras emociones, exploraremos técnicas de autocuidado que nutren tanto el cuerpo como la mente, y aprenderemos a desafiar los patrones de pensamiento negativos que a menudo perpetúan estas sombras.

A través de ejercicios prácticos, relatos de superación y consejos basados en la experiencia, te guiaré en la construcción de un kit de herramientas personalizado para tu recuperación. Desde la atención plena hasta la creatividad como forma de expresión, desde establecer metas realistas hasta fomentar una autoimagen positiva, cada capítulo está diseñado para empoderarte en tu búsqueda de bienestar emocional.

Recuerda que no estás solo en este camino. Millones de personas han enfrentado y superado la depresión y la ansiedad, y tú también puedes hacerlo. Este libro es un faro de esperanza que te recordará que, incluso en la oscuridad, hay siempre un rayo de luz. Estás dando el primer paso hacia la transformación y la recuperación, y estoy aquí para acompañarte en cada paso del camino.

Juntos, enfrentaremos las sombras y descubriremos cómo cultivar la fuerza interior necesaria para navegar las aguas emocionales con valentía y resiliencia. ¡Comencemos este viaje hacia la luz interior que te espera en cada página siguiente!

1
Comprendiendo la depresión y la ansiedad

En este capítulo, nos sumergiremos en las aguas profundas de la depresión y la ansiedad, dos compañeras de viaje que a menudo desafían nuestra paz interior. Exploraremos sus definiciones y diferencias, desentrañando los factores que pueden desencadenar su presencia en nuestras vidas. Aprenderemos por qué buscar ayuda es esencial y cómo desterrar los estigmas que a menudo las rodean. Este capítulo establecerá una base sólida para comprender las sombras emocionales que enfrentamos, allanando el camino para el viaje de autodescubrimiento y recuperación que está por venir.

Definición y diferencias entre depresión y ansiedad: La depresión y la ansiedad son dos trastornos emocionales que pueden afectar profundamente nuestra calidad de vida y bienestar. Aunque comparten algunas similitudes en términos de síntomas emocionales y cognitivos, son entidades distintas con características únicas. Comprender sus diferencias es fundamental para abordarlas de manera efectiva.

Depresión: La depresión, también conocida como trastorno depresivo mayor, es más que simplemente sentirse triste o abatido ocasionalmente. Es un trastorno mental grave que implica una persistente sensación de tristeza profunda y pérdida de interés en actividades que antes solían ser placenteras. Los síntomas pueden incluir:
-Sentimientos de tristeza, desesperanza y vacío.
-Pérdida de interés en actividades cotidianas.
-Fatiga y falta de energía.
-Dificultad para concentrarse y tomar decisiones.
-Cambios en el apetito y el sueño.
-Pensamientos de suicidio o autolesiones.

Ansiedad: La ansiedad es una respuesta natural del cuerpo al estrés, pero cuando se vuelve crónica e intensa, puede convertirse en un trastorno de ansiedad. Este trastorno implica una preocupación excesiva y persistente, a menudo desproporcionada a la situación real. Los síntomas pueden abarcar:
-Preocupación constante y dificultad para controlarla.
-Inquietud y sensación de nerviosismo.
-Síntomas físicos como palpitaciones, sudoración y temblores.
-Evitación de situaciones que provocan ansiedad.
-Fobias específicas, como agorafobia o fobia social.

Diferencias clave: Aunque la depresión y la ansiedad comparten algunos síntomas, sus características principales las distinguen:

La depresión se centra en una profunda tristeza y desinterés generalizado, mientras que la ansiedad implica una preocupación constante y una respuesta excesiva al miedo.

La depresión puede resultar en una falta de motivación y energía, mientras que la ansiedad puede generar un estado de hipervigilancia y tensión.

Las personas con depresión pueden sentirse abrumadas por la apatía, mientras que las personas con ansiedad pueden sentirse atrapadas en un ciclo de preocupación constante.

Es importante recordar que ambas condiciones son tratables. La terapia, la medicación y las técnicas de manejo del estrés pueden ser efectivas para abordar tanto la depresión como la ansiedad. Si experimentas cualquiera de estos síntomas, buscar ayuda profesional es un paso crucial hacia la recuperación y el bienestar emocional.

Factores desencadenantes y predisponentes de la depresión y la ansiedad: La depresión y la ansiedad pueden ser influenciadas por una combinación de factores biológicos, psicológicos y ambientales. Comprender estos factores desencadenantes y predisponentes es esencial para una visión completa de estas condiciones emocionales.

Los factores desencadenantes son situaciones, eventos o cambios en la vida que pueden desencadenar o agravar la depresión o la ansiedad. Algunos ejemplos incluyen:

Estrés: Eventos estresantes como la pérdida de un ser querido, problemas financieros, rupturas o problemas laborales pueden desencadenar síntomas depresivos o de ansiedad.

Cambios importantes: Transiciones significativas como mudanzas, cambios en el estado civil o la jubilación pueden generar incertidumbre y estrés emocional.

Trauma: Experiencias traumáticas pasadas, como abuso, violencia o accidentes, pueden aumentar la vulnerabilidad a la depresión y la ansiedad.

Enfermedades médicas: Enfermedades crónicas o graves pueden tener un impacto en la salud mental y aumentar el riesgo de estas condiciones.

Eventos traumáticos: Experiencias impactantes como accidentes, asaltos o desastres naturales pueden tener un efecto duradero en la salud emocional.

Factores predisponentes: Los factores predisponentes son características personales o genéticas que aumentan la susceptibilidad a la depresión y la ansiedad. Estos factores pueden incluir:

Historia familiar: Tener antecedentes familiares de depresión o ansiedad puede aumentar el riesgo de desarrollar estas condiciones.

Genética: La genética desempeña un papel en la predisposición a la depresión y la ansiedad, aunque es complejo y no se reduce a un solo gen.

Temperamento: Personalidades más sensibles, perfeccionistas o propensas a la autocrítica pueden tener un mayor riesgo de desarrollar estas condiciones.

Hormonas y química cerebral: Cambios en los niveles de hormonas y desequilibrios en los neurotransmisores (mensajeros químicos del cerebro) pueden influir en la regulación emocional.

Historia de trauma: Experiencias traumáticas en la infancia pueden impactar el desarrollo emocional y aumentar la susceptibilidad a la depresión y la ansiedad.

Es importante destacar que estos factores no son determinantes y no todas las personas con factores predisponentes o desencadenantes desarrollarán depresión o ansiedad. Estos elementos interactúan de manera compleja y única en cada individuo. Si estás lidiando con estas condiciones, es fundamental buscar apoyo de profesionales de la salud mental para una evaluación y tratamiento adecuados.

Importancia de buscar ayuda y desestigmatizar las condiciones de depresión y ansiedad: La depresión y la ansiedad son trastornos de salud mental que afectan a millones de personas en todo el mundo. Aunque son comunes y tratables, a menudo llevan consigo un estigma que puede dificultar que las personas busquen la ayuda que necesitan. Desestigmatizar estas condiciones y promover la búsqueda de ayuda es esencial para el bienestar individual y la sociedad en general.

Razones para buscar ayuda: Mejora del bienestar: La búsqueda de ayuda puede conducir a una mejora significativa en la calidad de vida. Las intervenciones terapéuticas y, en algunos casos, la medicación, pueden ayudar a aliviar los síntomas y fomentar una mayor satisfacción personal.

Prevención de empeoramiento: Ignorar la depresión y la ansiedad puede llevar a un empeoramiento de los síntomas y a la posible aparición de complicaciones adicionales, como trastornos por abuso de sustancias o problemas físicos.

Mayor resiliencia: Aprender estrategias de manejo y desarrollar habilidades para enfrentar estas condiciones puede aumentar la resiliencia emocional y proporcionar herramientas para enfrentar desafíos futuros.

Apoyo profesional: Los profesionales de la salud mental pueden proporcionar orientación experta y un espacio seguro para expresar pensamientos y emociones, lo que puede ser especialmente valioso durante momentos difíciles.

Desestigmatización de la depresión y la ansiedad:

Educación: La educación pública sobre la naturaleza de la depresión y la ansiedad es crucial para desmitificar la idea errónea de que estas condiciones son simplemente una cuestión de «falta de voluntad» o «debilidad».

Hablar abiertamente: Compartir experiencias personales y hablar abiertamente sobre la salud mental ayuda a normalizar estas conversaciones y a fomentar un entorno en el que las personas se sientan cómodas buscando ayuda.

Lenguaje sensible: Usar un lenguaje sensible y preciso al referirse a la depresión y la ansiedad evita contribuir a los estigmas y la desinformación.

Promoción de la búsqueda de ayuda: Mostrar apoyo y alentar a las personas a buscar ayuda cuando la necesiten puede marcar la diferencia en su disposición para abordar sus problemas de salud mental.

La desestigmatización y la búsqueda de ayuda no solo impactan la vida individual, sino que también pueden tener un efecto positivo en la sociedad en general. Al desterrar los estigmas asociados con la depresión y la ansiedad, creamos un ambiente en el que las personas se sienten empoderadas para cuidar su salud mental y buscar la ayuda necesaria sin temor al juicio.

2
La ciencia detrás de las emociones

En este capítulo, exploraremos las complejas y fascinantes conexiones entre la mente y las emociones. Aprenderemos cómo las emociones son procesadas en el cerebro y cómo influyen en nuestros pensamientos y comportamientos. Profundizaremos en la comprensión de cómo las emociones negativas, como la tristeza y el miedo, pueden desencadenar la depresión y la ansiedad. También exploraremos cómo las emociones positivas, como la alegría y la gratitud, pueden ser herramientas poderosas en nuestra lucha contra estas sombras emocionales. A través de esta exploración científica, descubriremos cómo podemos tomar medidas concretas para regular nuestras emociones y cultivar un mayor bienestar emocional.

Exploración de cómo funcionan las emociones en el cerebro: Las emociones son respuestas complejas que involucran interacciones entre el cerebro, el sistema nervioso y el cuerpo. Aunque todavía hay mucho que aprender sobre la neurociencia de las emociones, se han identificado algunas áreas clave del cerebro y procesos involucrados en la generación y regulación emocional.

Amígdala: La amígdala es una región del cerebro asociada con la detección y el procesamiento de emociones, especialmente las emociones relacionadas con el miedo y la amenaza. Actúa como un «centinela emocional», alertándonos ante situaciones potencialmente peligrosas y preparando respuestas de lucha o huida.

Corteza prefrontal: La corteza prefrontal, especialmente la corteza prefrontal ventromedial, juega un papel crucial en la regulación emocional. Ayuda a evaluar la relevancia emocional de los estímulos y a controlar las respuestas emocionales excesivas. También está involucrada en la toma de decisiones y la planificación, lo que puede influir en cómo respondemos a las emociones.

Hipotálamo: El hipotálamo está vinculado con la liberación de hormonas que regulan las respuestas físicas y emocionales, como el estrés y la ansiedad. Actúa como un puente entre el sistema nervioso y el sistema endocrino, lo que significa que desempeña un papel en la conexión entre nuestras emociones y nuestras respuestas corporales.

Cuerpo calloso: Esta estructura permite la comunicación entre los hemisferios cerebrales. Las emociones complejas pueden implicar la cooperación entre diferentes áreas cerebrales, y el cuerpo calloso facilita esta interacción, permitiendo que ambos hemisferios trabajen juntos en la interpretación y respuesta emocional.

Neurotransmisores: Los neurotransmisores son sustancias químicas que transmiten señales entre las células nerviosas. En el contexto de las emociones, neurotransmisores como la serotonina, la dopamina y el GABA (ácido gamma-aminobutírico) desempeñan un papel importante en la regulación del estado de ánimo, la recompensa y la ansiedad.

Respuesta al estrés: El sistema de respuesta al estrés, conocido como sistema de «lucha o huida», también está implicado en las respuestas emocionales. En situaciones estresantes, el cuerpo libera hormonas como el cortisol, que preparan al cuerpo para enfrentar amenazas, pero si esta respuesta se activa con frecuencia, puede contribuir a la ansiedad y la depresión crónica.

Comprender cómo funcionan las emociones en el cerebro es fundamental para abordar la depresión y la ansiedad. A través de la terapia cognitiva, la atención plena y otras técnicas, podemos aprender a reconocer y regular nuestras emociones de manera más efectiva, fomentando un mayor bienestar emocional y mental.

Conexiones entre pensamientos, emociones y comportamientos: La relación entre pensamientos, emociones y comportamientos es esencial para comprender cómo nuestras mentes y cuerpos interactúan en respuesta a diferentes situaciones. Estos tres componentes están intrincadamente conectados y pueden influenciarse mutuamente de manera significativa.

Pensamientos: Nuestros pensamientos son los mensajes internos que creamos en respuesta a las experiencias y situaciones. Estos pueden ser conscientes o automáticos, y a menudo están influenciados por nuestras creencias, valores y experiencias pasadas. Los pensamientos pueden ser racionales, distorsionados o negativos, y desempeñan un papel fundamental en la generación de emociones.

Emociones: Las emociones son respuestas afectivas a los pensamientos y eventos. Pueden ser intensas y pasajeras o duraderas. Nuestras emociones pueden variar desde la alegría y la gratitud, hasta la tristeza y el miedo. Los pensamientos negativos pueden desencadenar emociones negativas, y viceversa. Por ejemplo, si constantemente pensamos en términos de fracaso, es probable que experimentemos emociones como la ansiedad y la desesperación.

Comportamientos: Nuestros comportamientos son las acciones que emprendemos en respuesta a nuestras emociones y pensamientos. Los comportamientos pueden ser expresiones externas de nuestras emociones internas. Por ejemplo, si nos sentimos ansiosos ante la idea de hablar en público (emoción), podríamos evitar dar discursos (comportamiento). Del mismo modo, si creemos que no somos lo suficientemente buenos en algo (pensamiento), es posible que evitemos intentarlo (comportamiento).

Ciclo de retroalimentación: Estos tres componentes forman un ciclo de retroalimentación constante. Nuestros pensamientos influyen en nuestras emociones, nuestras emociones influyen en nuestros comportamientos, y nuestros comportamientos a su vez pueden reforzar o modificar nuestros pensamientos y emociones. Este ciclo puede ser tanto positivo como negativo. Por ejemplo, la adopción de comportamientos saludables, como el ejercicio regular, puede mejorar el estado de ánimo y generar pensamientos más positivos.

Intervenciones terapéuticas: Comprender estas conexiones es esencial para abordar la depresión y la ansiedad. Las terapias cognitivas y conductuales se basan en esta interacción y buscan cambiar patrones de pensamiento negativos y comportamientos poco saludables para influir positivamente en las emociones. La terapia también puede ayudar a desarrollar estrategias para identificar y desafiar pensamientos distorsionados, lo que a su vez puede reducir la intensidad de las emociones negativas.

Tomar conciencia de cómo estos componentes interactúan puede proporcionar un mayor control sobre nuestras respuestas emocionales y fomentar un bienestar emocional más equilibrado.

Concepto de la «espiral negativa» y cómo romperla: La espiral negativa es un patrón de pensamiento, emoción y comportamiento en el que las experiencias negativas se refuerzan mutuamente, llevando a una intensificación de los sentimientos de tristeza, ansiedad y desesperación. Esta espiral puede atraparnos en un ciclo autoperpetuante que parece cada vez más difícil de romper. Sin embargo, con la comprensión adecuada y las estrategias adecuadas, es posible desactivar esta espiral y fomentar un cambio positivo.

Cómo se forma la espiral negativa:

1. Pensamientos negativos: Comienza con pensamientos negativos, automáticos o distorsionados. Estos pensamientos pueden surgir a partir de experiencias pasadas, autocrítica o temores futuros.

2. Emociones intensificadas: Estos pensamientos generan emociones negativas, como tristeza, ansiedad o desesperación. Estas emociones pueden ser abrumadoras y difícilmente controlables.

3. Comportamientos de evitación: Para evitar enfrentar las emociones negativas, podríamos adoptar comportamientos de evitación. Por ejemplo, retirarse socialmente, procrastinar o evitar situaciones desafiantes.

4. Refuerzo de creencias: La evitación y la inactividad pueden reforzar la creencia de que somos incapaces de enfrentar los desafíos, lo que a su vez refuerza los pensamientos negativos iniciales.

Cómo romper la espiral negativa:

1. Conciencia y autoobservación: El primer paso es ser consciente de esta espiral y reconocer cuándo comienza a activarse. La autoobservación nos permite detectar patrones de pensamiento y comportamiento negativos.

2. Desafío de pensamientos distorsionados: Una vez identificados los pensamientos negativos automáticos, es importante cuestionar su validez. ¿Hay evidencia que respalde estos pensamientos o son interpretaciones exageradas?

3. Reenfoque en soluciones: Cambiar el enfoque de los problemas a las soluciones puede ayudar a romper el ciclo. En lugar de centrarse en lo negativo, concentrarse en posibles pasos concretos hacia una solución.

4. Afrontamiento activo: En lugar de evitar las situaciones que nos causan malestar, enfrentarlas de manera gradual puede reducir la ansiedad y aumentar la confianza.

5. Técnicas de regulación emocional: Practicar la atención plena, la meditación y la relajación puede ayudar a manejar las emociones intensas que perpetúan la espiral negativa.

6. Apoyo social: Hablar con amigos, familiares o profesionales de la salud mental puede proporcionar perspectivas externas y apoyo durante este proceso.

Cambiar una espiral negativa requiere tiempo, paciencia y esfuerzo constante. Romper los patrones arraigados puede ser desafiante, pero con la práctica y el apoyo adecuado, es posible cambiar la dirección de nuestros pensamientos, emociones y comportamientos hacia una espiral más positiva y constructiva.

3
Estrategias de autocuidado

Este capítulo te guiará en un viaje de autodescubrimiento y cuidado personal. Exploraremos la importancia de cuidar tanto la mente como el cuerpo para fomentar el bienestar emocional. Aprenderás sobre hábitos de sueño saludables, la influencia de la nutrición en el estado de ánimo y cómo la actividad física puede impactar positivamente en tus emociones. A través de prácticas de autocuidado, descubrirás cómo fortalecer tu resiliencia emocional y crear una base sólida para enfrentar la depresión y la ansiedad con mayor confianza.

Importancia de cuidar del cuerpo y la mente: El autocuidado no se trata solo de mimar nuestro cuerpo; también implica cuidar nuestra salud mental y emocional. La conexión entre el cuerpo y la mente es profunda, y mantener un equilibrio entre ambos es esencial para un bienestar completo. Aquí tienes una ampliación de por qué es importante cuidar tanto del cuerpo como de la mente:

Cuerpo:

1. Salud física: El autocuidado físico, que incluye hábitos como una alimentación saludable, el ejercicio

regular y el sueño adecuado, promueve la salud del cuerpo. Esto fortalece el sistema inmunológico, mejora la función cardiovascular y reduce el riesgo de enfermedades crónicas.

2. Energía y vitalidad: Mantener un estilo de vida saludable aumenta los niveles de energía y vitalidad. Una nutrición adecuada y la actividad física regular pueden proporcionar la energía necesaria para enfrentar los desafíos diarios y reducir la sensación de fatiga.

3. Impacto en el estado de ánimo: La actividad física libera endorfinas, que son los neurotransmisores asociados con la sensación de bienestar y felicidad. Además, el cuerpo y la mente están interconectados a través del sistema nervioso, lo que significa que mantener el cuerpo sano también puede influir positivamente en el estado de ánimo.

Mente:

1. Reducción del estrés: El autocuidado mental, como la meditación y la atención plena, ayuda a reducir el estrés y la ansiedad. Estas prácticas pueden ayudarte a manejar situaciones difíciles con mayor calma y claridad.

2. Autoconciencia: El cuidado de la mente fomenta la autoconciencia y la comprensión de tus pensamientos y emociones. Esto te permite identificar patrones negativos y trabajar en cambiarlos para promover una salud mental positiva.

3. Equilibrio emocional: Practicar el autocuidado mental puede ayudarte a mantener un equilibrio emocional más sólido. Aprender a regular las emociones y enfrentar los desafíos con una mentalidad más serena puede mejorar la resiliencia emocional.

4. Mejora de la relación con uno mismo: El autocuidado mental promueve una relación más positiva con uno mismo. Fomenta la autoaceptación, el amor propio y la compasión, lo que puede contrarrestar los pensamientos autocríticos.

Cuidar del cuerpo y la mente no solo impacta tu bienestar individual, sino también tu capacidad para interactuar con el mundo que te rodea. Ambos aspectos están entrelazados y pueden influir en la forma en que enfrentas desafíos emocionales y situaciones estresantes. Al adoptar prácticas de autocuidado integral, puedes construir una base sólida para una vida emocionalmente saludable y plena.

Hábitos de sueño saludables y nutrición adecuada: La calidad del sueño y la nutrición son dos pilares fundamentales del autocuidado que impactan directamente en nuestra salud física y mental. Aquí te proporciono información más detallada sobre la importancia y cómo adoptar hábitos saludables en estas áreas. Hábitos de sueño saludables:

1. Descanso y reparación: El sueño es esencial para la recuperación física y mental. Durante el

sueño, el cuerpo realiza tareas de reparación celular, regeneración y consolidación de la memoria.

2. Salud mental: Un sueño adecuado juega un papel crucial en la regulación del estado de ánimo y el bienestar emocional. La falta de sueño puede contribuir a la irritabilidad, la ansiedad y la depresión.

3. Rutina y consistencia: Intenta mantener un horario regular para acostarte y levantarte. Esto ayuda a regular el reloj interno del cuerpo y mejorar la calidad del sueño.

4. Ambiente de descanso: Crea un ambiente propicio para el sueño en tu dormitorio. Mantén la habitación oscura, tranquila y a una temperatura agradable.

5. Evita estímulos antes de dormir: La luz azul de dispositivos electrónicos puede interferir con la producción de melatonina, la hormona del sueño. Evita pantallas al menos una hora antes de acostarte.

Nutrición adecuada:

1. Energía y salud general: Una dieta equilibrada y nutritiva proporciona la energía y los nutrientes necesarios para el funcionamiento óptimo del cuerpo y la mente.

2. Estado de ánimo: Los nutrientes tienen un impacto directo en la función cerebral y, por lo tanto, en el estado de ánimo. Una deficiencia de ciertas vitaminas y minerales puede contribuir a la depresión y la ansiedad.

3. Azúcares y carbohidratos: Limita el consumo de azúcares refinados y carbohidratos simples, ya que pueden causar fluctuaciones en los niveles de azúcar en sangre y afectar el estado de ánimo.

4. Grasas saludables: Incluye grasas saludables, como las presentes en el aceite de oliva, los frutos secos y el pescado, que son beneficiosas para la salud cerebral y la función cognitiva.

5. Hidratación: Mantén una hidratación adecuada, ya que la deshidratación puede afectar negativamente la concentración y el estado de ánimo.

6. Comer con conciencia: Practica el comer consciente, prestando atención a las señales de hambre y saciedad. Comer en exceso o ignorar las señales del cuerpo puede influir en el bienestar emocional.

El sueño saludable y la nutrición adecuada son pilares esenciales para mantener una mente y un cuerpo saludables. Al adoptar hábitos que fomenten el sueño reparador y una dieta equilibrada, estás proporcionando a tu cuerpo y mente los recursos necesarios para enfrentar los desafíos diarios con mayor energía, claridad mental y equilibrio emocional.

Incorporación de la actividad física en la rutina diaria: La actividad física regular es un componente fundamental para el bienestar integral. No solo beneficia la salud física, sino que también tiene un impacto significativo en el estado de ánimo, la salud mental y la resiliencia emocional. Aquí te proporciono más detalles sobre la importancia de la actividad física y cómo incorporarla de manera efectiva en tu rutina diaria:

1. Liberación de endorfinas: El ejercicio estimula la liberación de endorfinas, neurotransmisores conocidos como «hormonas de la felicidad». Estas endorfinas pueden mejorar el estado de ánimo, reducir el estrés y aumentar la sensación de bienestar.

2. Reducción del estrés y la ansiedad: La actividad física regular puede ayudar a reducir los niveles de estrés y ansiedad al disminuir la respuesta del cuerpo al estrés y aumentar la sensación de relajación.

3. Mejora de la autoestima: El logro de metas de fitness y la mejora de la condición física pueden aumentar la autoconfianza y la autoestima.

4. Aumento de la resiliencia emocional: La actividad física puede fortalecer la resiliencia emocional al proporcionar una forma saludable de enfrentar el estrés y los desafíos.

Incorporación en la rutina diaria:

1. Encuentra lo que disfrutas: Elige actividades físicas que realmente disfrutes. Puede ser cualquier cosa, desde caminar, correr, nadar, bailar hasta practicar deportes en equipo o practicar yoga.

2. Establece metas realistas: Fija metas alcanzables en función de tu nivel de condición física actual.

Comenzar con metas pequeñas y alcanzables puede aumentar la probabilidad de mantener la actividad a largo plazo.

3. Programa momentos específicos: Establece un horario regular para la actividad física. Esto puede ayudar a crear una rutina y garantizar que no se posponga constantemente.

4. Combina diversidad: Varía tus actividades para evitar el aburrimiento y mantener el interés. Esto también puede desafiar diferentes grupos musculares y mejorar la condición física general.

5. Incluye pequeños cambios: Integra la actividad física en tu rutina diaria. Camina o anda en bicicleta en lugar de conducir, sube escaleras en lugar de tomar el ascensor, etc.

6. Aprovecha el aire libre: Si es posible, realiza actividades al aire libre para disfrutar de la naturaleza y obtener beneficios adicionales para la salud mental.

7. Compañía y apoyo: Hacer ejercicio con amigos, familiares o un grupo puede hacer que la actividad sea más agradable y motivadora.

8. Escucha a tu cuerpo: Presta atención a cómo se siente tu cuerpo. No te fuerces más allá de tus límites y asegúrate de descansar y recuperarte adecuadamente.

Incorporar la actividad física en tu rutina diaria puede ser transformador para tu bienestar emocional y físico. Al hacer del ejercicio una parte integral de tu vida, estarás cultivando una mayor resiliencia emocional, mejorando tu estado de ánimo y aumentando tu capacidad para enfrentar los desafíos cotidianos con una actitud positiva.

4
Técnicas de manejo del estrés

En este capítulo, exploraremos una variedad de técnicas efectivas para manejar el estrés, reducir la ansiedad y promover la calma emocional. Aprenderás sobre técnicas de respiración profunda, meditación, mindfulness y relajación progresiva. Estas herramientas te permitirán enfrentar los desafíos de manera más equilibrada y desarrollar la capacidad de mantener la serenidad en situaciones estresantes. Al dominar estas técnicas, estarás equipado para abordar la ansiedad y la depresión desde una perspectiva de empoderamiento y autogestión.

Introducción a la relajación y la meditación: La relajación y la meditación son prácticas poderosas que pueden tener un impacto profundo en el manejo del estrés, la ansiedad y la depresión. Estas técnicas ofrecen un enfoque tranquilo y consciente para calmar la mente, reducir la tensión física y fomentar el bienestar emocional. Aquí hay una ampliación sobre la relajación y la meditación, y cómo pueden beneficiarte:

Relajación: La relajación implica liberar la tensión y el estrés acumulados en el cuerpo y la mente. Algunas técnicas de relajación incluyen:

- Relajación progresiva: Con esta técnica, se tensan y luego se relajan diferentes grupos musculares para liberar la tensión acumulada en el cuerpo.
- Respiración profunda: La respiración consciente y profunda ayuda a calmar el sistema nervioso y reducir la respuesta al estrés.
- Visualización guiada: A través de la imaginación, puedes visualizar escenarios tranquilos y relajantes, lo que puede inducir una sensación de calma.

Meditación: La meditación es una práctica que implica enfocar la atención y la conciencia en el presente, lo que puede tener efectos positivos en la mente y el cuerpo. Algunos enfoques de meditación incluyen:

- Meditación de atención plena (mindfulness): Se trata de estar plenamente presente en el momento presente, observando pensamientos, emociones y sensaciones sin juzgar.
- Meditación de concentración: En esta técnica, te concentras en un objeto, palabra o mantra específico para calmar la mente y cultivar la concentración.
- Meditación de bondad amorosa: Esta técnica implica cultivar sentimientos de amor y compasión hacia uno mismo y hacia los demás.

Beneficios:

1. Reducción del estrés: Tanto la relajación como la meditación son efectivas para reducir los niveles de estrés al calmar el sistema nervioso y disminuir la respuesta al estrés.

2. Mejora del bienestar emocional: Estas prácticas pueden mejorar el estado de ánimo, reducir la ansiedad y aumentar la sensación de calma y paz interior.

3. Mayor autoconciencia: La meditación y la relajación fomentan la autoconciencia al permitirte observar tus pensamientos y emociones sin identificarte con ellos.

4. Control de las respuestas emocionales: Al practicar estas técnicas, puedes desarrollar la capacidad de manejar las emociones de manera más equilibrada y evitar respuestas excesivas.

5. Mejora de la concentración: La meditación puede aumentar la capacidad de concentración y atención, lo que puede ser beneficioso en la vida cotidiana.

La relajación y la meditación son herramientas poderosas para incorporar en tu rutina de manejo del estrés. Al hacerlo, podrás cultivar un sentido de paz interior, mejorar la resiliencia emocional y abordar la depresión y la ansiedad desde una perspectiva más tranquila y equilibrada.

Prácticas de respiración para reducir la ansiedad: Las técnicas de respiración son herramientas simples pero efectivas para reducir la ansiedad y promover la calma. La forma en que respiramos puede tener un impacto directo en nuestro estado emocional y fisiológico. Aquí tienes más información sobre algunas prácticas de respiración para reducir la ansiedad:

1. Respiración profunda abdominal:
- Siéntate o recuéstate en una posición cómoda.
- Coloca una mano sobre el abdomen y otra sobre el pecho.
- Inhala lentamente por la nariz, permitiendo que el abdomen se expanda mientras inhalas.
- Exhala suavemente por la boca, sintiendo cómo el abdomen se contrae.
- Repite este proceso varias veces, enfocándote en la sensación de la respiración profunda y relajante.

2. Respiración 4-7-8:
- Cierra la boca y exhala completamente por la nariz.
- Inhala silenciosamente por la nariz contando hasta 4.
- Sostén la respiración contando hasta 7.
- Exhala lentamente por la boca contando hasta 8.
- Repite este ciclo al menos tres veces, aumentando gradualmente a medida que te sientas más cómodo.

3. Respiración cuadrada:
- Inhala lentamente contando hasta 4.
- Sostén la respiración durante 4 segundos.
- Exhala durante 4 segundos.
- Mantén los pulmones vacíos durante otros 4 segundos.
- Repite este ciclo varias veces, ajustando la duración de la cuenta según tu comodidad.

4. Respiración coherente:
- Inhala durante 5 segundos.
- Exhala durante 5 segundos.
- Mantén una relación de inhalación y exhalación de 1:1.
- Intenta mantener un ritmo constante y relajante.

5. Respiración de narina alternada:
- Cierra suavemente la fosa nasal derecha con el dedo pulgar.
- Inhala profundamente por la fosa izquierda.
- Cierra la fosa nasal izquierda con el dedo anular y exhala por la fosa nasal derecha.
- Inhala por la fosa nasal derecha, cierra la derecha y exhala por la izquierda.
- Repite este ciclo varias veces, alternando las fosas nasales.

Estas prácticas de respiración pueden ser realizadas en cualquier momento en que sientas ansiedad o estrés. Al enfocarte en la respiración y tomar el control consciente de tu forma de respirar, puedes reducir la respuesta al estrés, calmar la mente y crear un espacio para la calma interior. Practicar estas técnicas regularmente puede mejorar tu capacidad para manejar la ansiedad y cultivar un mayor equilibrio emocional.

Uso de la atención plena (mindfulness) para manejar las emociones: La atención plena, también conocida como mindfulness, es una práctica que implica estar plenamente presente en el momento actual, observando tus pensamientos, emociones y sensaciones sin juzgar. Esta técnica se ha utilizado durante siglos para abordar el estrés, la ansiedad y las emociones difíciles. Aquí tienes una ampliación sobre cómo puedes usar la atención plena para manejar tus emociones de manera efectiva:

1. Observación sin juicio: La atención plena te permite observar tus pensamientos y emociones sin juzgarlos. En lugar de reaccionar de manera automática, puedes tomar distancia y simplemente notar lo que está ocurriendo internamente.

2. Aceptación y permiso: En lugar de resistir o tratar de cambiar tus emociones, la atención plena te invita a aceptarlas tal como son. Esto puede reducir la lucha interna y permitir que las emociones fluyan de manera natural.

3. Reducción de la reactividad emocional: La práctica de la atención plena te ayuda a responder a las emociones en lugar de reaccionar impulsivamente. Puedes tomar un momento para observar cómo te sientes antes de elegir cómo responder.

4. Mayor autoconciencia: La atención plena fomenta una mayor autoconciencia al sintonizar con tus emociones y sus desencadenantes. Esto te permite identificar patrones emocionales y trabajar en respuestas más saludables.

5. Toma de decisiones consciente: La práctica regular de la atención plena puede ayudarte a tomar decisiones más conscientes y equilibradas en lugar de dejarte llevar por impulsos emocionales.

6. Reducción del estrés y la ansiedad: La atención plena ha demostrado reducir los niveles de estrés y ansiedad al ayudar a regular la respuesta al estrés y promover la relajación.

Cómo practicar la atención plena para manejar emociones:

1. Atención plena de la respiración: Dedica tiempo cada día para enfocarte en tu respiración. Observa cómo entra y sale el aire de tu cuerpo sin intentar cambiarlo.

2. Exploración corporal: Escanea tu cuerpo mentalmente desde la cabeza hasta los pies, notando cualquier tensión, sensación o emoción que surja.

3. Atención plena en la actividad: Realiza tareas cotidianas con plena atención. Presta atención a los detalles, los sonidos y las sensaciones mientras te sumerges en la actividad.

4. Atención plena de las emociones: Cuando sientas una emoción intensa, obsérvala. No te aferres ni la evites, simplemente observa cómo se manifiesta en tu cuerpo y mente.

5. Práctica formal: Dedica tiempo a la meditación de atención plena. Siéntate en silencio y enfoca tu atención en tu respiración, tus sensaciones corporales o tus pensamientos.

La atención plena es una herramienta poderosa para cultivar la autorregulación emocional y enfrentar las emociones difíciles con equilibrio y comprensión. Al practicarla regularmente, puedes fortalecer tu resiliencia emocional y mejorar tu capacidad para manejar el estrés, la ansiedad y la depresión de manera más saludable.

5
Reestructuración cognitiva

En este capítulo, exploraremos la reestructuración cognitiva como una herramienta efectiva para abordar pensamientos negativos y distorsionados que contribuyen a la depresión y la ansiedad. Aprenderás a identificar patrones de pensamiento poco saludables, desafiar creencias limitantes y reemplazarlas por pensamientos más realistas y constructivos. Mediante ejercicios prácticos y ejemplos, descubrirás cómo transformar tu relación con tus pensamientos y mejorar tu bienestar emocional.

Identificación y desafío de pensamientos negativos automáticos: Los pensamientos negativos automáticos son patrones de pensamiento impulsivos y distorsionados que surgen de manera rápida y sin cuestionamiento consciente. Estos pensamientos a menudo contribuyen a la ansiedad, la depresión y otros estados emocionales negativos. Identificar y desafiar estos pensamientos es un componente clave de la reestructuración cognitiva, que busca cambiar patrones de pensamiento poco saludables por pensamientos más realistas y positivos. Aquí hay una ampliación sobre cómo llevar a cabo este proceso.

Identificación de pensamientos negativos automáticos:

1. Autoobservación: Comienza a prestar atención a tus pensamientos cuando te sientas ansioso, triste o estresado. Los pensamientos automáticos a menudo son reacciones automáticas a situaciones específicas.

2. Registra tus pensamientos: Lleva un diario de pensamientos durante el día. Anota los momentos en que sientes una reacción emocional intensa y registra los pensamientos que acompañan a esa emoción.

3. Señales de pensamientos distorsionados: Presta atención a las señales de pensamientos negativos automáticos, como palabras absolutas (siempre, nunca), exageraciones y predicciones negativas.

Desafío de pensamientos negativos automáticos:

1. Evidencia contraria: Examina la evidencia que respalda o refuta tus pensamientos automáticos. ¿Hay pruebas sólidas que respalden lo que estás pensando?

2. Preguntas de desafío: Hazte preguntas que desafíen la validez de tus pensamientos. Por ejemplo, «¿Cuál es la peor cosa que podría suceder?», «¿Qué evidencia tengo de que esto es cierto?»

3. Perspectiva externa: Imagina que estás aconsejando a un amigo en la misma situación. ¿Cómo

responderías a esos pensamientos desde una perspectiva objetiva?

4. Alternativas posibles: Considera alternativas a tus pensamientos negativos. ¿Existen otras formas de interpretar la situación?

5. Reevaluación de consecuencias: Evalúa si la peor consecuencia que temes es realmente tan grave como crees. ¿Qué podría suceder en realidad?

6. Contexto y proporción: Evalúa si estás magnificando la importancia de la situación. ¿Esta preocupación es proporcional al evento?

7. Experiencias pasadas: Recuerda situaciones anteriores donde tus pensamientos negativos automáticos resultaron ser infundados.

8. Autoaceptación: Reconoce que todos tienen pensamientos negativos automáticos en ciertas situaciones. Esto no te define como persona.

La identificación y el desafío de los pensamientos negativos automáticos requieren práctica y paciencia. A medida que te vuelvas más hábil en este proceso, desarrollarás la capacidad de enfrentar los pensamientos negativos con mayor claridad y realismo. La reestructuración cognitiva te empodera para cambiar tu relación con tus pensamientos y mejorar tu bienestar emocional a largo plazo.

Cambio de patrones de pensamiento distorsionado: Esto es fundamental para abordar la ansiedad, la depresión y otras dificultades emocionales. Los patrones de pensamiento distorsionado son formas habituales de interpretar la realidad de manera negativa o exagerada. La reestructuración cognitiva implica identificar y reemplazar estos patrones por pensamientos más realistas y equilibrados. Aquí tienes una ampliación sobre cómo cambiar estos patrones:

Identificación de patrones de pensamiento distorsionado:

1. Catastrofización: Exagerar la gravedad de una situación o anticipar lo peor escenario posible.

2. Pensamiento todo o nada: Ver las cosas en términos absolutos, sin tener en cuenta los tonos de gris.

3. Filtrado mental: Centrarse únicamente en los aspectos negativos de una situación, ignorando los positivos.

4. Personalización: Atribuirse la culpa de eventos negativos externos sin considerar otras influencias.

5. Generalización excesiva: Extrapolación negativa basada en un solo incidente.

6. Etiquetado: Definirse a uno mismo o a otros en función de un solo error o característica negativa.

7. Lectura del pensamiento: Creer que sabes lo que otras personas están pensando, a menudo asumiendo lo negativo.

8. Deberías y debería no: Establecer reglas rígidas para cómo deberían ser las cosas y sentirse mal si no se cumplen.

Cambio de patrones de pensamiento distorsionado:

1. Identificación y conciencia: Reconoce cuando estás atrapado en un patrón distorsionado. La conciencia es el primer paso hacia el cambio.

2. Desafío racional: Cuestiona la validez de tus pensamientos distorsionados. ¿Hay evidencia real que respalde tu interpretación negativa?

3. Búsqueda de evidencia contraria: Busca pruebas que refuten tus pensamientos distorsionados. ¿Puedes encontrar ejemplos que contradigan tus creencias negativas?

4. Reemplazo por pensamientos realistas: Una vez que hayas desafiado tus patrones de pensamiento, reemplázalos con pensamientos más equilibrados y realistas.

5. Lenguaje positivo: Utiliza lenguaje más neutral y objetivo al hablar contigo mismo. Evita términos extremos como «siempre» o «nunca».

6. Visualiza otros escenarios: Considera otras formas en que podrías interpretar la situación. Esto puede ayudarte a encontrar perspectivas más objetivas.

7. Autocompasión: Practica la autocompasión y la empatía contigo mismo. Reconoce que todos

tenemos pensamientos distorsionados en momentos difíciles.

8. Refuerza los cambios: A medida que practicas el cambio de patrones de pensamiento, celebra los logros y avances, por pequeños que sean.

El cambio de patrones de pensamiento distorsionado es un proceso gradual que requiere tiempo y esfuerzo constante. Al practicar la reestructuración cognitiva, puedes desarrollar una mentalidad más realista y equilibrada, lo que a su vez puede mejorar tu bienestar emocional y tu forma de afrontar los desafíos de la vida.

Fomento de una perspectiva más realista y positiva: Cultivar una perspectiva realista y positiva es esencial para enfrentar la ansiedad y la depresión de manera efectiva. Una mentalidad realista implica ver las situaciones con claridad y objetividad, mientras que una mentalidad positiva implica enfocarse en las oportunidades y aspectos constructivos. Aquí tienes una ampliación sobre cómo fomentar una perspectiva más realista y positiva:

1. Autoconciencia:

• Reconoce tus patrones de pensamiento y las tendencias negativas o distorsionadas. La autoconciencia es el primer paso para el cambio.

2. Desafío y cuestionamiento:

• Cuestiona tus pensamientos negativos y

pregúntate si son respuestas automáticas o basadas en pruebas reales.

3. Evidencia concreta:
- Busca evidencia concreta que respalde o refuta tus pensamientos. ¿Qué pruebas reales tienes para tus creencias?

4. Perspectiva a largo plazo:
- Considera cómo te sentirás sobre la situación en el futuro. Muchos desafíos actuales pueden parecer menos abrumadores con el tiempo.

5. Enfoque en las soluciones:
- En lugar de enfocarte solo en los problemas, busca soluciones y acciones que puedas tomar para abordar la situación.

6. Reenfoque en los logros:
- Reconoce tus logros pasados y las veces que has superado desafíos similares. Esto puede aumentar tu confianza en tu capacidad para enfrentar situaciones difíciles.

7. Gratitud y reconocimiento:
- Practica la gratitud al enfocarte en las cosas positivas en tu vida. Reconoce incluso las pequeñas victorias y momentos de alegría.

8. Resiliencia y aprendizaje:
- Considera cómo las dificultades pueden ser oportunidades para crecer y desarrollar resiliencia. Las adversidades pueden enseñarnos lecciones valiosas.

9. Autocompasión:

- Cultiva la autocompasión al tratar contigo mismo de la misma manera que tratarías a un amigo cercano en momentos difíciles.

10. Visualización positiva:

- Visualiza cómo sería enfrentar la situación con éxito y cómo te sentirías al superarla.

11. Lenguaje positivo:

- Utiliza palabras y frases positivas al hablar contigo mismo. Evita términos extremos como «siempre» o «nunca».

12. Perspectiva equilibrada:

- Busca un equilibrio entre ser realista sobre los desafíos y mantener una actitud positiva hacia las posibles soluciones.

Cultivar una perspectiva más realista y positiva requiere práctica constante. A medida que trabajas en cambiar tu enfoque mental, puedes mejorar tu capacidad para manejar el estrés, la ansiedad y la depresión con mayor claridad y resiliencia. La reestructuración cognitiva y el desarrollo de una mentalidad más saludable son pasos importantes hacia el bienestar emocional y la autogestión.

6
Establecimiento de metas y planificación

En este capítulo, exploraremos el poder del establecimiento de metas y la planificación en la gestión de la depresión y la ansiedad. Aprenderás cómo definir metas realistas y significativas que fomenten un sentido de propósito y dirección en la vida. Además, explorarás cómo crear planes de acción concretos para alcanzar esas metas, lo que puede aumentar la motivación, la confianza y la sensación de control sobre tu bienestar emocional. Este capítulo te guiará a través de ejercicios prácticos y estrategias para convertir tus objetivos en logros tangibles

Definición de objetivos realistas y alcanzables: Establecer objetivos realistas y alcanzables es esencial para mantener la motivación, fomentar el crecimiento personal y mejorar el bienestar emocional. Los objetivos bien definidos te proporcionan un sentido de propósito y dirección en la vida, permitiéndote concentrarte en lo que es más importante para ti. Aquí tienes una ampliación sobre cómo definir objetivos de manera efectiva:

Claridad y especificidad:
- Los objetivos deben ser claros y específicos. En lugar de establecer un objetivo general como «ser más feliz», sé más específico, como «dedicar 15 minutos al día a practicar la meditación».

Medibles:
- Los objetivos deben ser medibles para que puedas evaluar tu progreso y éxito. Esto te proporciona un sentido de logro y te ayuda a ajustar tus enfoques si es necesario.

Alcanzables:
- Los objetivos deben ser realistas y alcanzables dentro de tus circunstancias actuales. Considera tus recursos, tiempo y habilidades antes de establecer un objetivo.

Relevantes:
- Los objetivos deben ser relevantes y alineados con tus valores y prioridades. Asegúrate de que el objetivo tenga un significado personal para ti.

Tiempo definido:
- Establece un plazo para lograr el objetivo. Esto te proporciona un sentido de urgencia y te ayuda a mantener el enfoque en el progreso.

Pasos pequeños y progresivos:
- Dividir un objetivo grande en pasos más pequeños y alcanzables te permite medir el progreso y evita que te sientas abrumado.

Enfoque en el proceso:

- Si bien es importante el resultado final, también enfócate en el proceso y en cómo cada paso te acerca a tu objetivo.

Flexibilidad:

- Mantén una mente abierta y sé flexible en tu enfoque. Puedes necesitar ajustar tus planes según surjan desafíos o cambios inesperados.

Ejemplo: Supongamos que estás lidiando con la ansiedad social y deseas mejorar tu confianza en situaciones sociales. Un objetivo alcanzable y específico podría ser «participar en al menos una conversación social en un evento social cada semana durante los próximos tres meses».

Este objetivo es específico (participar en una conversación social), medible (una vez a la semana), alcanzable (es una acción concreta que puedes realizar) y relevante (aborda tu ansiedad social). También tiene un plazo definido (tres meses).

Al definir objetivos realistas y alcanzables, estás creando un camino claro hacia el cambio y el crecimiento personal. Estos objetivos te ayudarán a mantenerte enfocado, motivado y a superar los desafíos con un enfoque constructivo

Creación de un plan de acción paso a paso: Un plan de acción es una guía detallada que te ayudará a convertir tus objetivos en acciones concretas y alcanzables. Proporciona estructura, claridad y dirección en tu camino hacia el logro. Aquí tienes una ampliación sobre cómo crear un plan de acción paso a paso:

1. Desglosa tu objetivo:

- Toma tu objetivo principal y divídelo en pasos más pequeños y manejables. Cada paso debe ser una acción concreta que te acerque a tu objetivo.

2. Prioriza los pasos:

- Organiza los pasos en un orden lógico y cronológico. Determina cuál es el primer paso que debes tomar y así sucesivamente.

3. Establece plazos:

- Asigna un plazo específico para cada paso. Esto te ayudará a mantener el enfoque y medir tu progreso.

4. Detalla las acciones:

- Describe detalladamente lo que harás en cada paso. Cuanto más específico seas, más claro será tu camino a seguir.

5. Identifica los recursos:

- Enumera los recursos que necesitarás para cada paso, como tiempo, materiales, habilidades, apoyo, etc.

6. Anticipa obstáculos:

- Identifica posibles desafíos u obstáculos que podrían surgir en el camino y piensa en estrategias para superarlos.

7. Establece indicadores de éxito:

• Define cómo sabrás que has completado cada paso con éxito. Establece indicadores claros que te permitan medir el progreso.

8. Compromiso personal:

Comprométete contigo mismo a seguir el plan de acción. Mantén una actitud positiva y proactiva.

9. Flexibilidad:

• Si surgen cambios inesperados, sé flexible y ajusta tu plan de acción según sea necesario. La adaptabilidad es clave.

10. Celebración de Logros:

• Celebra tus logros a medida que vayas completando cada paso. Reconoce tu esfuerzo y avance hacia tu objetivo.

Ejemplo de plan de acción, objetivo: Participar en al menos una conversación social en un evento social cada semana durante los próximos tres meses.

1. Paso: Identificar eventos sociales cercanos.

• Plazo: Esta semana.

• Acciones: Buscar en línea, preguntar a amigos, hacer una lista.

2. Paso: Seleccionar un evento social y confirmar la asistencia.

• Plazo: Próxima semana.

• Acciones: Elegir un evento, confirmar asistencia.

3. Paso: Prepararse para el evento.

• Plazo: Antes del evento.

• Acciones: Practicar preguntas de conversación, elegir ropa adecuada.

4. Paso: Iniciar y participar en una conversación en el evento.

• Plazo: Durante el evento.

• Acciones: Acercarse a alguien, iniciar una conversación, hacer preguntas.

5. Paso: Evaluar la experiencia y aprender.

• Plazo: Después del evento.

• Acciones: Reflexionar sobre la conversación, identificar lo que funcionó y lo que se puede mejorar.

Crear un plan de acción te brinda una estructura concreta para seguir mientras trabajas hacia tus objetivos. Al desglosar el proceso en pasos manejables, aumentas la probabilidad de éxito y mantienes un enfoque constante en tu crecimiento personal y bienestar emocional.

Celebración de los logros, incluso los pequeños: La celebración de los logros, por pequeños que sean, es una parte esencial del proceso de crecimiento personal y manejo de la ansiedad y la depresión. Reconocer y valorar tus éxitos, sin importar cuán modestos sean, puede tener un impacto positivo significativo en tu bienestar emocional. Aquí tienes más información sobre por qué es importante celebrar tus logros y cómo hacerlo:

Importancia de la celebración:

1. Motivación continua: La celebración de los logros te motiva a seguir adelante y perseverar en tus esfuerzos. Te recuerda que estás avanzando y progresando.

2. Refuerza la confianza: Reconocer tus logros construye tu confianza en tus habilidades y en tu capacidad para superar desafíos.

3. Cambio de enfoque: En lugar de centrarte en lo que aún no has logrado, te ayuda a enfocarte en lo que ya has conseguido.

4. Genera sentimientos positivos: La celebración activa libera endorfinas y dopamina, neurotransmisores asociados con el placer y la satisfacción.

5. Combate la autocrítica: En momentos de ansiedad o depresión, es común ser autocrítico. La celebración contrarresta esta autocrítica al reconocer tus esfuerzos y progresos.

Cómo celebrar los logros, incluso los pequeños:

1. Reconoce tus logros internamente: Tómate un momento para reflexionar sobre lo que has logrado. Reconoce tus esfuerzos y lo lejos que has llegado.

2. Mantén un diario de logros: Lleva un diario en el que registres tus logros, por pequeños que sean. Revísalo regularmente para recordar tus éxitos.

3. Crea un sistema de recompensas: Asocia ciertos logros con recompensas para ti mismo. Puede ser

cualquier cosa que te haga sentir bien, desde ver una película hasta darte un tiempo libre.

4. Comparte tus logros: Comparte tus éxitos con amigos cercanos o familiares que te apoyan. Su reconocimiento puede reforzar tu sensación de logro.

5. Haz una celebración pequeña: Celebra con algo que disfrutes, como una comida especial, un baño relajante o un paseo en la naturaleza.

6. Visualización del futuro: Imagina cómo te sentirás al alcanzar tus objetivos a largo plazo. Mantén esa imagen en mente y celébrala.

7. Practica la gratitud: Agradece por tus logros y el progreso que has hecho. La gratitud refuerza sentimientos positivos.

8. Reflexiona sobre el progreso: De vez en cuando, mira hacia atrás y observa cuánto has avanzado desde que comenzaste.

9. Abraza los errores: Incluso los errores pueden ser oportunidades de aprendizaje. Celebra la valentía de intentarlo, sin importar el resultado.

10. Establece metas pequeñas y realistas: Divide tus objetivos en metas más pequeñas para que puedas celebrar más frecuentemente.

Celebrar los logros, independientemente de su tamaño, te permite reconocer tu valía y esfuerzo. Esto fomenta una mentalidad positiva, refuerzan tu autoestima y te motivan a seguir adelante, incluso en momentos difíciles.

7
Red de apoyo social

En este capítulo, exploraremos la importancia de construir y mantener una red de apoyo social sólida en el manejo de la depresión y la ansiedad. Aprenderás cómo cultivar relaciones saludables, comunicarte efectivamente con amigos y familiares, y buscar el apoyo necesario en momentos de dificultad emocional. Además, descubrirás cómo crear conexiones significativas que promuevan un sentido de pertenencia, comprensión y empoderamiento en tu viaje hacia el bienestar emocional. Este capítulo te guiará a través de estrategias prácticas para fortalecer tus relaciones y utilizar tu red de apoyo de manera efectiva.

Importancia de mantener relaciones saludables: Las relaciones saludables desempeñan un papel fundamental en la gestión de la depresión y la ansiedad, ya que el apoyo social puede tener un impacto significativo en el bienestar emocional y mental de una persona. Mantener relaciones saludables no solo proporciona un sentido de conexión y pertenencia, sino que también puede ser una fuente invaluable de apoyo, comprensión y fortaleza en momentos difíciles. Aquí tienes una ampliación sobre la importancia de cultivar y mantener relaciones saludables:

1. Apoyo emocional:
- Las personas que te rodean pueden brindarte apoyo emocional cuando enfrentas desafíos o dificultades. Compartir tus pensamientos y sentimientos puede aliviar el peso emocional que sientes.

2. Reducción del estrés:
- Tener relaciones de apoyo puede reducir el estrés al proporcionar una vía para expresar tus preocupaciones y recibir perspectivas diferentes.

3. Sentido de pertenencia:
- Las relaciones saludables te hacen sentir parte de un grupo, lo que puede mitigar la sensación de aislamiento que a menudo acompaña a la depresión y la ansiedad.

4. Compartir experiencias:
- Puedes encontrar consuelo en saber que no estás solo en tus luchas. Compartir experiencias similares con otros puede ser reconfortante.

5. Perspectiva externa:
- Las personas de tu red de apoyo pueden ofrecer perspectivas objetivas y realistas sobre tus problemas, lo que te permite ver las situaciones desde diferentes ángulos.

6. Estímulo y motivación:
- Relaciones saludables pueden inspirarte y

motivarte a seguir adelante, incluso en momentos de desánimo.

7. Desarrollo personal:

- Las relaciones pueden ser espejos que reflejan tus fortalezas y áreas en las que puedes crecer. El *feedback* constructivo puede ser valioso para tu desarrollo personal.

8. Expresión emocional:

- Una red de apoyo saludable puede ser un espacio seguro donde te sientas cómodo expresando tus emociones sin temor a juicios.

9. Distensión y diversión:

- Las relaciones también pueden ser fuentes de distracción positiva y diversión, lo que contribuye a la liberación de tensiones.

10. Refuerzo de la autoestima:

- Las personas que valoran y aprecian tus cualidades pueden contribuir al fortalecimiento de tu autoestima y autoconfianza.

Cómo cultivar relaciones saludables:

- Practica la escucha activa y la empatía.
- Comunica tus necesidades y límites de manera abierta.
- Fomenta la confianza y la honestidad en tus relaciones.
- Valora y aprecia a las personas en tu vida.
- Busca actividades compartidas que fomenten la conexión.

- Ofrece apoyo y ayuda a los demás en momentos de necesidad.
- Evita relaciones tóxicas o negativas que puedan afectar tu bienestar.

Cultivar relaciones saludables requiere esfuerzo y compromiso, pero los beneficios para tu salud mental y emocional son inmensos. Una red de apoyo sólida puede ser una fuente invaluable de fortaleza y resiliencia en tu camino hacia el bienestar.

Cómo comunicarse efectivamente con amigos y familiares: La comunicación efectiva es esencial para mantener relaciones saludables y construir una red de apoyo sólida. Cuando se trata de lidiar con la depresión y la ansiedad, la comunicación abierta y honesta con amigos y familiares puede ser especialmente importante. Aquí tienes una ampliación sobre cómo mejorar tus habilidades de comunicación en estos contextos:

1. Escucha activa:
- Presta atención completa a la persona que está hablando. Haz contacto visual, asiente con la cabeza y demuestra interés genuino en lo que dicen.

2. Expresión de sentimientos:
- Comparte tus pensamientos y emociones de manera honesta, pero con respeto. Usa «yo» en lugar de «tú» para evitar la culpa.

3. Elige el momento adecuado:
- Busca un momento tranquilo y adecuado

para hablar. Evita discutir en momentos de tensión o estrés.

4. Usa un lenguaje claro y directo:

- Evita la vaguedad o las indirectas. Explica tus pensamientos y sentimientos de manera clara y sencilla.

5. Sé empático y comprensivo:

- Intenta ponerte en el lugar de la otra persona y muestra comprensión por sus perspectivas y emociones.

6. Evita la crítica excesiva:

- Si estás compartiendo preocupaciones, enfócate en tus propios sentimientos en lugar de criticar o culpar.

7. Pregunta y valida:

- Haz preguntas abiertas y demuestra interés genuino en lo que la otra persona está pasando. Valida sus sentimientos y experiencias.

8. Escucha sin juzgar:

- Evita emitir juicios o consejos no solicitados. A veces, solo escuchar y estar presente puede ser suficiente.

9. Sé paciente:

- Asegúrate de dar tiempo a la otra persona para expresarse completamente, especialmente si están compartiendo emociones difíciles.

10. Reconoce las limitaciones:

- Reconoce si no tienes todas las respuestas o

soluciones. A veces, simplemente estar allí para apoyar es lo más valioso.

11. Muestra agradecimiento:
- Agradece a la otra persona por escuchar y apoyar. La gratitud refuerza las relaciones.

12. Establece límites:
- Si es necesario, establece límites claros en la comunicación para proteger tu propio bienestar emocional.

13. Fomenta el diálogo abierto:
- Crea un ambiente donde todos se sientan cómodos compartiendo sus pensamientos y sentimientos.

14. Resuelve conflictos de manera constructiva:
- Si surgen desacuerdos, aborda los problemas de manera calmada y respetuosa, buscando soluciones en lugar de culpar.

La comunicación efectiva requiere práctica y paciencia. Cuanto más practiques estas habilidades, más fortalecerás tus relaciones y construirás una red de apoyo sólida. La capacidad de comunicarte abierta y honestamente puede marcar una gran diferencia en tu bienestar emocional y en la calidad de tus relaciones.

Buscar ayuda profesional y participación en grupos de apoyo: Cuando se trata de manejar la depresión y la ansiedad, buscar ayuda profesional y participar en grupos de apoyo puede ser una parte crucial de tu estrategia de afrontamiento. Estas acciones te brindan un apoyo adicional, herramientas especializadas y la oportunidad de conectarte con personas que entienden tus desafíos. Aquí tienes más información sobre por qué y cómo involucrarte en estas formas de apoyo.

Buscar ayuda profesional:

- Los profesionales de la salud mental, como psicólogos, psiquiatras y consejeros, están capacitados para brindar evaluación, diagnóstico y tratamiento específico para la depresión y la ansiedad.

Beneficios:

1. Experiencia especializada: Los profesionales están capacitados para abordar problemas de salud mental de manera efectiva y proporcionar intervenciones personalizadas.

2. Terapia estructurada: La terapia, ya sea individual o grupal, ofrece un espacio estructurado para explorar y abordar tus desafíos emocionales.

3. Herramientas y estrategias: Los profesionales pueden proporcionarte herramientas prácticas para manejar los síntomas y desarrollar habilidades de afrontamiento.

4. Seguimiento y ajustes: Pueden monitorear tu progreso y ajustar el tratamiento según sea necesario.

Participación en grupos de apoyo:

- Los grupos de apoyo son entornos donde puedes compartir tus experiencias con personas que enfrentan desafíos similares. Pueden ser liderados por profesionales o por personas con experiencia personal.

Beneficios:

1. Empatía y comunidad: Conectar con personas que comprenden tus luchas puede generar un sentido de comunidad y reducir el aislamiento.

2. Intercambio de experiencias: Puedes aprender de las estrategias que han funcionado para otros y compartir tus propias experiencias.

3. Normalización: Escuchar a otros hablar sobre sus desafíos puede ayudarte a comprender que no estás solo en tus luchas.

4. Apoyo mutuo: Los grupos de apoyo ofrecen un espacio seguro para expresar tus emociones y recibir apoyo sin juicios.

5. Aprendizaje Continuo: Los grupos pueden brindarte nuevas perspectivas y enfoques para enfrentar tus dificultades.

Cómo Involucrarte:

1. Búsqueda de profesionales: Investiga y busca profesionales de la salud mental en tu área. Puedes pedir recomendaciones a médicos, amigos o familiares.

2. Evaluación y diálogo: Una vez que encuentres un profesional, ten una evaluación inicial para determinar el enfoque adecuado.

3. Investigación de grupos de apoyo: Investiga grupos de apoyo en línea o en tu comunidad. Muchas organizaciones locales ofrecen grupos gratuitos.

4. Participación activa: Ya sea en terapia individual o en grupo, participa activamente compartiendo tus desafíos y trabajando en las estrategias recomendadas.

5. Compromiso y persistencia: La terapia y los grupos de apoyo pueden requerir tiempo y esfuerzo continuo. Sé paciente y comprometido.

Tanto la ayuda profesional como la participación en grupos de apoyo pueden ser componentes esenciales en tu viaje hacia el bienestar emocional. Estas formas de apoyo pueden proporcionarte las herramientas y el apoyo necesario para manejar la depresión y la ansiedad de manera efectiva.

8
Estrategias de afrontamiento creativo

En este capítulo, exploraremos la poderosa conexión entre la creatividad y el manejo de la depresión y la ansiedad. Descubrirás cómo las actividades creativas pueden actuar como herramientas terapéuticas para expresar emociones, reducir el estrés y fomentar un mayor bienestar emocional. Desde el arte y la escritura hasta la música y la danza, aprenderás cómo incorporar estrategias creativas en tu vida para cultivar una forma única y personal de afrontar los desafíos emocionales. Este capítulo te guiará a través de ejercicios creativos y enfoques que pueden enriquecer tu camino hacia la salud mental y emocional.

Exploración de actividades artísticas y creativas: Las actividades artísticas y creativas tienen un poderoso impacto en el manejo de la depresión y la ansiedad, ya que ofrecen una vía única para expresar emociones, reducir el estrés y mejorar el bienestar general. La creatividad permite explorar y procesar sentimientos difíciles de una manera no verbal y liberadora. Aquí tienes una ampliación sobre diferentes actividades artísticas y creativas que puedes explorar:

1. Arte visual:

• Pintura y dibujo: Experimenta con colores, formas y líneas para expresar tus emociones.

• Arte terapia: Utiliza el arte como medio terapéutico para explorar y sanar emociones.

• Collages: Combina imágenes y objetos para crear representaciones visuales de tus pensamientos y sentimientos.

2. Escritura creativa:

• Diario: Escribe tus pensamientos, sentimientos y experiencias diariamente para procesar tus emociones.

• Poesía: Crea poemas que reflejen tus estados de ánimo y pensamientos internos.

• Historias cortas: Escribe historias que te permitan explorar situaciones y emociones desde diferentes perspectivas.

3. Música y sonido:

• Tocar un instrumento: Aprende a tocar un instrumento musical como el piano, la guitarra o la flauta.

• Composición: Crea tu propia música o melodías que expresen tus sentimientos.

• Escuchar música: Escucha música que te inspire y te ayude a gestionar tus emociones.

4. Danza y movimiento:

• Baile libre: Baila sin restricciones y permite que tu cuerpo exprese tus emociones.

- Danza terapéutica: Explora la danza como una forma de terapia para liberar tensiones y expresar emociones.

5. Manualidades y creación:

- Origami: Crea formas a partir de papel plegado para centrar tu mente y enfocarte en el presente.
- Manualidades variadas: Tejer, bordar, hacer joyas, cerámica, entre otros, pueden ser formas relajantes de expresión creativa.

6. Fotografía y captura de momentos:

- Fotografía: Captura imágenes que reflejen tus estados de ánimo y perspectivas únicas.
- Proyectos fotográficos: Desarrolla proyectos que te ayuden a explorar emociones a través de la lente de la cámara.

7. Actuación y expresión corporal:

- Teatro: Explora la actuación como una forma de expresar emociones y experimentar con diferentes roles.
- Improvisación: Participa en ejercicios de improvisación que te permitan expresarte de manera espontánea y creativa.

Al explorar estas actividades, recuerda que no se trata de la perfección o el resultado final, sino del proceso de expresión y exploración. La creatividad te brinda un espacio seguro para expresar lo que sientes y te permite encontrar nuevas formas de afrontar tus desafíos emocionales. Experimenta con diferentes actividades y descubre cuáles resonarán mejor contigo.

Uso de la expresión artística como vía de escape emocional: La expresión artística puede ser una poderosa vía de escape emocional para aquellos que luchan con la depresión y la ansiedad. Proporciona un medio único y seguro para canalizar y liberar emociones difíciles, lo que puede tener un impacto profundo en el bienestar emocional y mental. Aquí tienes una ampliación sobre cómo la expresión artística puede ser una vía de escape emocional efectiva:

1. Liberación emocional:

• La creación artística permite liberar emociones que pueden ser difíciles de expresar con palabras. Pintar, dibujar o escribir pueden servir como canales de salida para el estrés acumulado y las emociones reprimidas.

2. Autoexploración:

• Al sumergirte en la creatividad, puedes explorar tus pensamientos y sentimientos de una manera más profunda. La expresión artística puede revelar aspectos de ti mismo que quizás no habías reconocido antes.

3. Reducción del estrés:

• El acto de crear puede ser relajante y centrador. Puede reducir el cortisol (la hormona del estrés) y ayudarte a sentirte más tranquilo y en control.

4. Distanciamiento de los problemas:

- La inmersión en una actividad artística te permite desconectar temporalmente de tus problemas y preocupaciones, lo que puede aliviar la carga emocional.

5. Fomento de la autoestima:

- Ver tu trabajo artístico tomando forma y expresando tus emociones puede aumentar tu autoestima y confianza en tus habilidades.

6. Procesamiento emocional:

- La creación artística puede ayudarte a procesar eventos traumáticos o emociones intensas de una manera segura y gradual.

7. Canalización positiva:

- En lugar de suprimir o negar tus emociones, puedes transformarlas en creaciones artísticas significativas y constructivas.

8. Aumento de la resiliencia:

- Practicar la expresión artística regularmente puede fortalecer tu capacidad de enfrentar desafíos emocionales y desarrollar resiliencia.

9. Sensación de logro:

- Completar una pieza de arte o un proyecto creativo puede generar un sentido de logro y satisfacción, lo que contrarresta la autocrítica y los sentimientos de inutilidad.

10. Espacio de autenticidad:

- La expresión artística te brinda un espacio

donde puedes ser auténtico y honesto contigo mismo sin temor al juicio.

Cómo incorporar la expresión artística:

- Elige una actividad artística que te atraiga y que se sienta natural para ti.
- Establece un espacio y tiempo dedicado para la creación.
- No te preocupes por el resultado final; concéntrate en el proceso.
- Permítete experimentar, incluso si no te sientes «talentoso».
- Usa colores, formas, palabras o movimientos que reflejen tus emociones.
- Mantén un diario de arte para rastrear tus emociones y progreso a lo largo del tiempo.

La expresión artística como vía de escape emocional no solo es terapéutica, sino también una forma de autodescubrimiento y sanación. Al permitirte explorar y liberar tus emociones a través de la creatividad, puedes encontrar una mayor conexión contigo mismo y una valiosa herramienta para enfrentar los desafíos emocionales.

Fomento de la autoexpresión y la exploración personal: La autoexpresión y la exploración personal son aspectos fundamentales en el proceso de manejo de la depresión y la ansiedad. Estas prácticas te permiten conectarte contigo mismo de una manera profunda y auténtica, lo que puede contribuir significativamente a tu bienestar emocional y mental. Aquí tienes una breve descripción sobre cómo fomentar la autoexpresión y la exploración personal:

Autoexpresión: La autoexpresión implica compartir tus pensamientos, emociones y experiencias de manera genuina y sin reservas. Es una forma de comunicarte contigo mismo y con los demás, lo que puede liberarte de la carga emocional que a menudo acompaña a la depresión y la ansiedad. La autoexpresión puede incluir hablar, escribir, dibujar, cantar, bailar o participar en cualquier actividad que te permita expresar lo que sientes y piensas.

Exploración personal: La exploración personal implica adentrarte en tus pensamientos, emociones y experiencias internas para comprender más profundamente quién eres y qué valoras. Es un proceso de autodescubrimiento que te ayuda a desarrollar una mayor autoconciencia y claridad sobre tus necesidades y deseos. La exploración personal puede llevar a un mayor entendimiento de tus patrones de pensamiento y comportamiento, lo que puede ser esencial para abordar la depresión y la ansiedad de manera efectiva.

Cómo fomentar la autoexpresión y la exploración personal:

1. Mantén un diario: Lleva un diario en el que escribas tus pensamientos, emociones y reflexiones

diarias. Esto te permite rastrear tu progreso y comprender tus patrones.

2. Encuentra tu vía creativa: Experimenta con diferentes formas de creatividad, como escribir, dibujar, pintar, tocar música o bailar.

3. Practica la meditación y la atención plena: Dedica tiempo regularmente para meditar y estar en el momento presente. Esto puede ayudarte a conectarte contigo mismo.

4. Realiza preguntas reflexivas: Pregúntate a ti mismo sobre tus valores, deseos y metas. Cuestiona tus patrones de pensamiento y considera si son realistas y útiles.

5. Participa en terapia: La terapia individual o de grupo te brinda un espacio seguro para explorar tus pensamientos y emociones con la guía de un profesional.

6. Experimenta con nuevas actividades: Participa en actividades que nunca antes hayas probado. Esto puede abrir nuevas perspectivas y desencadenar la autoexpresión.

7. Acepta la incertidumbre: La exploración personal puede llevarte a lugares desconocidos. Acepta la incertidumbre y sé amable contigo mismo en el proceso.

8. Presta atención a las señales de tu cuerpo: Observa cómo tu cuerpo reacciona a diferentes

situaciones y emociones. Esto puede proporcionar pistas sobre lo que realmente sientes.

9. Busca la soledad positiva: Dedica tiempo a estar solo y en paz contigo mismo. La soledad positiva puede ser un espacio para la reflexión y la autoexploración.

10. Practica la autenticidad: Esfuérzate por ser honesto contigo mismo y con los demás acerca de tus pensamientos y emociones.

Fomentar la autoexpresión y la exploración personal es un viaje continuo. Al dedicar tiempo y esfuerzo a comprenderte a ti mismo de manera más profunda, puedes desarrollar una mayor resistencia emocional y una comprensión más sólida de cómo enfrentar los desafíos emocionales que puedan surgir.

9
Transformando la autoimagen

En este capítulo, exploraremos cómo la percepción que tenemos de nosotros mismos, conocida como autoimagen, puede influir en la depresión y la ansiedad. Aprenderás estrategias para transformar una autoimagen negativa en una más positiva y realista. Descubrirás cómo construir una autoestima saludable y cultivar la aceptación y el amor propio. Este capítulo te guiará a través de ejercicios y enfoques para desarrollar una relación más positiva contigo mismo y mejorar tu bienestar emocional.

Desafío de la autocrítica y la autocompasión: La autocrítica y la autocompasión representan dos enfoques contrastantes hacia uno mismo. La autocrítica implica juzgarnos y ser duros con nosotros mismos, mientras que la autocompasión implica tratarnos con amabilidad y comprensión, de la misma manera que trataríamos a un amigo. Transformar la autocrítica en autocompasión es un paso fundamental para mejorar la autoimagen y enfrentar la depresión y la ansiedad de manera efectiva. Aquí tienes una ampliación sobre este desafío y cómo abordarlo:

Autocrítica:

- La autocrítica implica ser excesivamente duro contigo mismo, enfocándote en tus defectos y errores y juzgándote de manera negativa. Puede alimentar sentimientos de inadecuación, vergüenza y ansiedad.

Autocompasión:

- La autocompasión implica tratarte con la misma amabilidad y empatía que mostrarías a un ser querido que está lidiando con dificultades. Se basa en la comprensión de que todos somos seres humanos imperfectos y merecemos compasión.

Cómo abordar el desafío:

1. Autoconciencia: Reconoce y toma conciencia de los momentos en los que te criticas a ti mismo. Presta atención a los patrones de pensamiento negativos.

2. Cuestiona tus pensamientos: Interroga tus pensamientos autocríticos. ¿Son realistas? ¿Qué evidencia tienes para respaldarlos? ¿Cómo afectan a tu bienestar emocional?

3. Cambia el lenguaje: Reemplaza el lenguaje autocrítico con afirmaciones más amables y realistas. Habla contigo mismo como lo harías con un amigo que necesita apoyo.

4. Practica la autocompasión: Trátate a ti mismo con amabilidad y comprensión. Permítete cometer errores sin castigarte. Practica el autocuidado y la autorreflexión.

5. Perspectiva de largo plazo: Considera cómo te hablarías a ti mismo desde la perspectiva de tu «yo futuro», aquel que ha superado desafíos y se ha convertido en una persona más fuerte.

6. Mindfulness: Practica la atención plena para observar tus pensamientos sin juicio. Esto te permite reconocer tus patrones de autocrítica y distanciarte de ellos.

7. Tratamiento compasivo: Imagina que estás ofreciendo consuelo y apoyo a tu propio yo herido. Visualiza cómo te abrazarías emocionalmente.

8. Practica la gratitud: Reconoce tus cualidades y logros. Agradece por tus esfuerzos y valentía, incluso si no son perfectos.

9. Acepta la imperfección: Comprende que todos cometemos errores y tenemos áreas de mejora. La autocrítica excesiva solo perpetúa el ciclo de negatividad.

10. Busca apoyo: Comparte tus luchas con amigos cercanos, familiares o profesionales de la salud mental. El apoyo externo puede brindarte perspectivas y recordarte tu valor.

Transformar la autocrítica en autocompasión es un proceso gradual que requiere tiempo y esfuerzo. Al adoptar una perspectiva más compasiva hacia ti mismo, puedes mejorar tu autoimagen, reducir los niveles de ansiedad y depresión, y cultivar un sentido de bienestar emocional y mental duradero.

Construcción de una autoimagen positiva y realista: La construcción de una autoimagen positiva y realista es esencial para el bienestar emocional y mental. Una autoimagen saludable influye en cómo te sientes contigo mismo, cómo enfrentas los desafíos y cómo te relacionas con los demás. Aquí tienes una ampliación sobre cómo construir una autoimagen positiva y realista:

1. Autoconciencia:

- Tómate el tiempo para reflexionar sobre quién eres, tus valores, tus fortalezas y áreas de mejora. La autoconciencia es el primer paso para construir una autoimagen sólida.

2. Reconocimiento de logros:

- Celebra tus logros, tanto grandes como pequeños. Mantén un registro de tus éxitos y recuerda que cada paso cuenta.

3. Lenguaje positivo:

- Habla contigo mismo de manera positiva y alentadora. Evita el autodesprecio y el lenguaje negativo.

4. Aceptación de la imperfección:

- Reconoce que nadie es perfecto. Acepta tus fallas y errores como oportunidades de crecimiento en lugar de pruebas de tu valía.

5. Autocompasión:

- Trátate a ti mismo con la misma amabilidad y comprensión que tratarías a un amigo cercano. Permítete ser humano y cometer errores.

6. Desafío de pensamientos negativos:

- Cuestiona y desafía los pensamientos negativos sobre ti mismo. Busca evidencia que respalde tus cualidades y logros.

7. Visualización positiva:

- Imagina tu yo futuro exitoso y confiado. Visualiza cómo te ves y cómo te sientes con una autoimagen positiva.

8. Autorreflexión constante:

- Mantén un diario de tus pensamientos y sentimientos para observar patrones autocríticos y trabajar en cambiarlos.

9. Aprendizaje y crecimiento:

- Abraza los desafíos como oportunidades para aprender y crecer. El progreso y el desarrollo personal son indicadores de tu valía.

10. Conexión con valores:

- Define tus valores y actúa de acuerdo con ellos. Vivir en línea con lo que consideras importante puede fortalecer tu autoimagen.

11. Cuidado personal:

- Practica el autocuidado y demuestra el amor propio a través de hábitos saludables y actividades cotidianas que te hagan sentir bien contigo mismo.

12. Celebración de diversidad:

- Reconoce que cada individuo es único y

valioso en su propia manera. Aprecia tus diferencias y aquello que te hace especial.

13. Evita la comparación excesiva:

• Enfócate en tu propio progreso en lugar de compararte constantemente con los demás. La comparación puede ser desmotivadora y dañina.

14. Apoyo social:

• Rodéate de personas que te apoyen y te valoren por quien eres. Relaciones positivas pueden fortalecer tu autoimagen.

15. Practica la paciencia:

• La construcción de una autoimagen positiva es un proceso continuo. Sé paciente contigo mismo y reconoce que llevará tiempo y esfuerzo.

Construir una autoimagen positiva y realista no es un cambio instantáneo, pero es un esfuerzo gratificante y transformador. A medida que internalizas una percepción más positiva de ti mismo, puedes experimentar una mayor confianza, resiliencia y bienestar emocional en tu vida diaria.

Reconocimiento de los propios logros y fortalezas: El reconocimiento de tus logros y fortalezas es una parte esencial de construir una autoimagen positiva y cultivar un mayor bienestar emocional. A menudo, nos enfocamos en nuestras debilidades y pasamos por alto lo que hemos logrado y las cualidades que poseemos. Aquí tienes una ampliación sobre la importancia de reconocer tus logros y fortalezas, así como formas prácticas de hacerlo:

Importancia:

1. Refuerza la autoestima: Reconocer tus logros y cualidades te ayuda a sentirte bien contigo mismo y a fortalecer tu autoestima.

2. Contrarresta la autocrítica: La autocrítica puede ser abrumadora. Reconocer tus logros contrarresta los pensamientos autocríticos y fomenta una autoimagen positiva.

3. Genera confianza: Al reconocer tus capacidades y logros, aumenta tu confianza en tus habilidades para enfrentar desafíos futuros.

4. Motivación para el progreso: Reconocer tus logros pasados te motiva a seguir trabajando y mejorando en áreas específicas.

5. Reducción del estrés: Celebrar tus logros y fortalezas puede reducir el estrés y la ansiedad al enfocar tu mente en lo positivo.

Formas de reconocimiento:

1. Llevar un registro: Mantén un diario donde anotes tus logros diarios, por pequeños que sean. Esto te permite reconocer tu progreso a lo largo del tiempo.

2. Celebrar los pequeños éxitos: No subestimes los logros pequeños. Celebra cada paso en la dirección correcta.

3. Establecer metas realistas: Establece metas alcanzables y celebra cuando las logres, esto refuerza tu sentido de logro.

4. Recuerda los obstáculos superados: Reflexiona sobre los desafíos que has superado en el pasado y cómo eso ha contribuido a tu crecimiento personal.

5. Sé agradecido: Reflexiona sobre las cualidades y habilidades que tienes y agradece por ellas. La gratitud refuerza una perspectiva positiva.

6. Solicita retroalimentación: Pide a amigos, familiares o colegas que compartan cómo te ven. A menudo, los demás pueden notar tus fortalezas de manera más objetiva.

7. Visualiza tus éxitos: Imagina visualmente tus logros futuros y cómo te sentirás al alcanzarlos. Esto puede ser una fuente de motivación.

8. Autoafirmaciones positivas: Practica afirmaciones que resalten tus fortalezas y logros. Repite estas afirmaciones regularmente.

9. Aprecia el proceso: No solo te concentres en el resultado final; aprecia el esfuerzo y el proceso que pusiste en tus logros.

10. Recompénsate a ti mismo: Después de lograr algo significativo, date un pequeño regalo o indulgencia como forma de celebración.

11. Autoaprecio regular: Dedica tiempo cada día para reconocer al menos una cosa que te sientas orgulloso de haber hecho.

Reconocer tus logros y fortalezas es un hábito que puedes cultivar gradualmente. A medida que practiques el autocuidado y dirijas tu atención hacia lo positivo en tu vida, contribuirás a construir una autoimagen más positiva y a desarrollar una mentalidad de aprecio y confianza en ti mismo.

10
Manteniendo el progreso a largo plazo

En este capítulo final, exploraremos estrategias y enfoques para mantener el progreso que has logrado en el manejo de la depresión y la ansiedad. Aprenderás cómo construir hábitos sostenibles, manejar recaídas y seguir fortaleciendo tu bienestar emocional a lo largo del tiempo. Este capítulo te proporcionará herramientas para enfrentar los desafíos continuos y mantener una mentalidad de crecimiento y autodescubrimiento a largo plazo.

Prevención de recaídas y retorno a viejos patrones: La prevención de recaídas y el mantenimiento de los avances logrados en el manejo de la depresión y la ansiedad son esenciales para asegurar un bienestar emocional a largo plazo. Aunque es normal que haya altibajos en el camino, existen estrategias efectivas para prevenir recaídas y evitar volver a viejos patrones negativos. Aquí tienes una ampliación sobre cómo prevenir recaídas y mantener el progreso:

Identificación de desencadenantes:

- Reconoce los factores que podrían llevar a una

recaída. Pueden ser situaciones estresantes, cambios importantes en tu vida o la falta de autocuidado.

Hábitos saludables:

- Sigue practicando hábitos de autocuidado que has aprendido, como el manejo del estrés, la actividad física y la atención plena. Estos hábitos fortalecen tu resiliencia.

Mantenimiento de redes de apoyo:

- Continúa manteniendo conexiones con amigos, familiares y profesionales de la salud mental. El apoyo social puede ser crucial en tiempos de dificultades.

Automonitoreo constante:

- Sigue prestando atención a tus pensamientos y emociones. Mantén un diario de tus estados de ánimo y utiliza técnicas de autorreflexión para mantener la claridad mental.

Flexibilidad mental:

- Aprende a adaptarte a los cambios y desafíos. La rigidez en tus pensamientos puede aumentar el riesgo de recaída.

Plan de acción para recaídas:

- Desarrolla un plan específico para manejar situaciones de recaída. Identifica qué medidas tomar y a quién recurrir en caso de necesitar ayuda.

Sensibilidad a las señales tempranas:

- Presta atención a las señales tempranas de una posible recaída, como cambios en el sueño, la energía y el estado de ánimo. Aborda estas señales antes de que empeoren.

Terapia continua:

- Considera la posibilidad de continuar con la terapia, incluso después de sentirte mejor. La terapia puede ser un espacio para prevenir recaídas y trabajar en metas a largo plazo.

Práctica de autocompasión:

- Si experimentas una recaída, no te castigues. Trátate a ti mismo con la misma compasión que tratarías a un amigo en una situación similar.

Aprendizaje de experiencias pasadas:

- Reflexiona sobre las estrategias que te han ayudado a superar momentos difíciles en el pasado. Utiliza esas lecciones para manejar futuras recaídas.

Evitar la autocrítica:

- No te culpes por experimentar recaídas. Es normal en el proceso de recuperación. En lugar de criticarte, enfoca tus energías en el crecimiento y la recuperación.

Mantener la curiosidad y el crecimiento:

- Abraza la mentalidad de que el crecimiento y el aprendizaje son procesos continuos. Mantén la curiosidad por descubrir nuevas formas de enfrentar desafíos.

La prevención de recaídas es un compromiso a largo plazo contigo mismo y tu bienestar emocional.

Al aplicar estas estrategias y mantener una actitud de cuidado y autodescubrimiento constante, puedes mantener tus avances y enfrentar futuros desafíos con mayor confianza y resiliencia.

Desarrollo de una mentalidad de resiliencia: La resiliencia es la capacidad de enfrentar desafíos, superar adversidades y recuperarse de situaciones difíciles con fortaleza y adaptabilidad. Desarrollar una mentalidad resiliente es fundamental para enfrentar la depresión y la ansiedad, así como para enfrentar cualquier tipo de crisis en la vida. Aquí tienes una ampliación sobre cómo desarrollar una mentalidad de resiliencia:

1. Cambiar la perspectiva:

- En lugar de ver los desafíos como obstáculos insuperables, considéralos como oportunidades para crecer y aprender. Cambiar tu perspectiva puede influir en cómo te enfrentas a los problemas.

2. Aceptación de la realidad:

- Aceptar que la vida está llena de altibajos es clave. La negación solo prolonga el sufrimiento. Aprende a abrazar la realidad tal como es.

3. Fomentar la flexibilidad:

- La resiliencia implica adaptabilidad. Desarrolla la capacidad de ajustarte a situaciones cambiantes sin perder tu equilibrio emocional.

4. Autocuidado constante:

- Practica el autocuidado como una forma de

fortalecer tu bienestar físico y emocional. Esto te brindará una base sólida para enfrentar desafíos.

5. Establecer metas realistas:

• Enfoca tus esfuerzos en metas que sean alcanzables y realistas. Al lograrlas, fortaleces tu sentido de logro y autoconfianza.

6. Mantener conexiones sociales:

• Cultiva relaciones significativas y mantén una red de apoyo. El apoyo social puede ser una fuente esencial de fuerza y consuelo.

7. Desarrollar la tolerancia al estrés:

• Aprende a manejar el estrés de manera saludable a través de técnicas como la respiración profunda, la meditación y el ejercicio.

8. Practicar la autocompasión:

• Trátate a ti mismo con amabilidad y compasión, especialmente cuando enfrentes dificultades. La autocompasión te ayuda a mantener la calma en momentos desafiantes.

9. Aprender de las experiencias pasadas:

• Reflexiona sobre cómo has superado situaciones difíciles en el pasado. Utiliza esas lecciones para fortalecer tu resiliencia en el presente.

10. Desarrollar la resolución de problemas:

• Aprende a identificar soluciones creativas y efectivas para los problemas que enfrentas. La habilidad de resolver problemas te empodera.

11. Practicar la gratitud:

• Cultiva una actitud de gratitud al enfocarte en las cosas positivas en tu vida, incluso durante los momentos desafiantes.

12. Aprovechar el apoyo profesional:

• Si estás lidiando con depresión o ansiedad, considera buscar ayuda de profesionales de la salud mental. El apoyo profesional puede brindarte herramientas específicas para fortalecer tu resiliencia.

13. Aprender a dejar ir:

• Reconoce que hay cosas que no puedes controlar. Aprende a dejar ir lo que está fuera de tu alcance y enfócate en lo que sí puedes influir.

14. Visualización positiva:

• Practica visualizar situaciones desafiantes resueltas de manera exitosa. Esto puede aumentar tu confianza en tus capacidades.

Desarrollar una mentalidad de resiliencia es un proceso continuo que implica un enfoque constante en el crecimiento personal y el bienestar emocional. Al incorporar estas estrategias en tu vida diaria, puedes cultivar una capacidad sólida para enfrentar los desafíos y recuperarte con determinación y optimismo.

Integración de las herramientas aprendidas en una vida saludable: El verdadero éxito en el manejo de la depresión y la ansiedad radica en la capacidad de integrar las herramientas y enfoques aprendidos en una vida diaria saludable y sostenible. Aquí tienes una ampliación sobre cómo puedes lograr esta integración efectiva:

1. Consistencia: La clave es la consistencia en la práctica de las técnicas y hábitos aprendidos. Establece una rutina que incorpore estas prácticas en tu día a día.

2. Intención y conciencia: Realiza las actividades con intención y plena conciencia. Conecta con el propósito detrás de cada técnica y cómo te beneficia.

3. Personalización: Ajusta las herramientas según tus necesidades y preferencias. No todas las estrategias funcionarán de la misma manera para todos.

4. Pequeños pasos: No intentes hacer demasiado de una vez. Introduce las herramientas gradualmente para que puedas asimilarlas y mantenerlas a largo plazo.

5. Autoreflexión regular: Dedica tiempo para revisar tu progreso y cómo te sientes en general. Ajusta tus enfoques según lo que te resulte más efectivo.

6. Adaptación a cambios: La vida está en constante cambio. Aprende a adaptar tus herramientas a diferentes circunstancias y desafíos.

7. Automatización saludable: Con el tiempo, muchas de estas prácticas se convertirán en hábitos saludables que realizas de manera natural.

8. Celebración de logros: Reconoce y celebra tus logros en la implementación de estas herramientas. Estos éxitos refuerzan tu motivación.

9. Persistencia: No te desanimes si enfrentas obstáculos. La persistencia es fundamental para superar los desafíos y mantener el progreso.

10. Aprendizaje continuo: Mantén una mentalidad de aprendizaje. Explora nuevas técnicas y enfoques a medida que creces y te desarrollas.

11. Flexibilidad: No te apegues rígidamente a una sola estrategia. Si algo no funciona, sé flexible para experimentar con otras opciones.

12. Cuidado integral: Asegúrate de abordar todas las áreas de tu vida: física, emocional, mental y social. Un enfoque integral es esencial para el bienestar.

13. Red de apoyo: Mantén tus conexiones con amigos, familiares y profesionales de la salud mental. El apoyo externo es un componente valioso.

14. Recordatorio constante: Coloca recordatorios visuales en lugares estratégicos para recordarte practicar estas herramientas.

15. Reconexión con el propósito: Regularmente, reflexiona sobre tu propósito y tus metas personales. Esto te motivará a seguir adelante.

La integración exitosa de las herramientas aprendidas en una vida saludable requiere tiempo, paciencia y dedicación. A medida que estas prácticas se convierten en parte de tu estilo de vida, puedes experimentar un mayor bienestar emocional, una mayor resiliencia y una mayor capacidad para enfrentar los desafíos con confianza y claridad.

Historia anónima sobre ansiedad: Ana

Ana era una mujer aparentemente exitosa: una carrera prometedora, una familia amorosa y amigos cercanos. Sin embargo, detrás de su fachada segura y sonriente, Ana luchaba con una ansiedad abrumadora que la había perseguido desde su adolescencia. Las noches de insomnio, los ataques de pánico inesperados y la constante preocupación la habían llevado a un lugar oscuro y solitario en su mente.

A pesar de buscar ayuda profesional y probar varias terapias y medicamentos, Ana encontraba difícil liberarse del abrazo constante de la ansiedad. Después de una década de lucha, Ana llegó a un punto de quiebre emocional y espiritual. Se sintió desconectada de sí misma y de todo lo que la rodeaba. Fue entonces cuando, en un momento de desesperación, experimentó una profunda transformación.

Un día, mientras caminaba en un parque, Ana se detuvo frente a un árbol viejo. Sintió una sensación de quietud y paz que nunca había experimentado antes. En ese instante, tuvo una revelación: había estado buscando respuestas y soluciones fuera de ella misma, pero la verdadera sanación estaba dentro.

Comenzó a explorar su espiritualidad de una manera más profunda. Ana había crecido en un hogar religioso pero, esta vez, su búsqueda no se trataba de seguir reglas religiosas, sino de encontrar una conexión auténtica con el divino. Encontró consuelo en la meditación y la oración, aprendiendo a calmar su mente inquieta y a escuchar la voz suave dentro de ella.

A medida que profundizaba en su espiritualidad, Ana comenzó a sentir una sensación de acompañamiento constante. Sintió que estaba siendo guiada hacia un entendimiento más profundo de sí misma y de su propósito en la vida. Esta sensación de conexión y apoyo la ayudó a enfrentar sus momentos de ansiedad con una fortaleza renovada.

En su búsqueda espiritual, Ana también descubrió una sensación de gratitud por las experiencias de ansiedad que había atravesado. Comprendió que esas luchas habían sido oportunidades para crecer, para descubrir su propia fuerza interna y para conectarse con una espiritualidad más auténtica.

A medida que Ana continuaba su viaje, encontró finalmente la paz que tanto anhelaba. No desapareció por completo la ansiedad, pero aprendió a manejarla de manera más efectiva y a verla como un recordatorio de su propia humanidad. Cada día se despertaba con una sensación de gratitud y confianza en que estaba siendo guiada por una fuerza mayor.

La historia de Ana es un testimonio de cómo la ansiedad puede ser transformada a través de la espiritualidad y el encuentro con lo divino. Su viaje no fue fácil, pero encontró en la conexión con Dios y en el descubrimiento de su verdadero ser, una fuente de fortaleza y sanación duradera. Su historia nos recuerda que incluso en los momentos más oscuros, siempre hay una luz que puede guiarnos hacia la esperanza y la transformación.

Historia anónima sobre depresión: María

María había estado luchando en silencio con la oscuridad que la envolvía. La depresión había tejido su camino en su vida, dejándola atrapada en un torbellino de emociones abrumadoras. Cada día era un desafío, y aunque su familia y amigos la rodeaban con amor, ella se sentía cada vez más aislada en su dolor.

En medio de su lucha, María comenzó a buscar algo que trascendiera sus emociones abrumadoras. Fue durante una caminata solitaria en el bosque cuando se encontró con una sensación inexplicable de tranquilidad. Se detuvo y miró a su alrededor, sintiendo una conexión profunda con la naturaleza que la rodeaba. En ese momento, algo dentro de ella comenzó a cambiar.

Decidió explorar esta conexión espiritual más a fondo. Comenzó a meditar y a buscar momentos de calma en su día a día. A medida que profundizaba en su práctica espiritual, encontró consuelo y paz en momentos en los que antes solo había angustia.

Un día, mientras meditaba, María sintió una presencia amorosa que parecía envolverla. Sintió una energía que irradiaba compasión y aceptación incondicional. Era como si alguien la abrazara en medio de su sufrimiento. En ese momento, María sintió que había encontrado una fuente de fortaleza más allá de sí misma.

Con el tiempo, María comenzó a reconstruir su vida a medida que incorporaba herramientas prácticas para manejar su depresión y ansiedad. La meditación, la atención plena y la búsqueda de actividades creativas se convirtieron en sus aliados en esta batalla. Pero lo que marcó la diferencia real en su proceso de sanación fue su conexión espiritual.

María se dio cuenta de que su encuentro con lo espiritual no solo le brindaba un alivio temporal, sino que también le otorgaba una perspectiva más profunda de su dolor. Comenzó a ver su lucha como una oportunidad para crecer, para desarrollar una mayor compasión hacia sí misma y hacia los demás. Se dio cuenta de que había encontrado a Dios no como un ser distante, sino como una fuerza presente dentro de ella y en todo lo que la rodeaba.

Con el tiempo, María compartió su historia con otros que también luchaban con la depresión y la ansiedad. Encontró en su experiencia un poder para inspirar y brindar esperanza a quienes estaban en la oscuridad. Su viaje no solo la llevó a una sanación profunda, sino que también la llevó a una misión de ayudar a otros a encontrar su propia luz interior.

María: es una historia de resiliencia, transformación y conexión profunda. Una historia que recuerda que, incluso en los momentos más oscuros, siempre hay una chispa de divinidad dentro de nosotros que puede iluminar nuestro camino hacia la sanación y la esperanza.

Conclusión

En *Enfrentando las sombras: Herramientas prácticas para manejar la depresión y la ansiedad*, exploramos un viaje de autodescubrimiento, crecimiento personal y empoderamiento. A lo largo de los capítulos, abordamos los desafíos de la depresión y la ansiedad desde una perspectiva comprensiva y proactiva. Aprendimos que, aunque las sombras de la depresión y la ansiedad pueden ser abrumadoras, existen herramientas efectivas para iluminar el camino hacia la sanación y el bienestar emocional.

Desde la comprensión de las diferencias entre la depresión y la ansiedad, hasta el desarrollo de una mentalidad resiliente, examinamos una variedad de estrategias prácticas. Descubrimos cómo las conexiones entre pensamientos, emociones y comportamientos influyen en nuestra experiencia emocional y cómo podemos romper las espirales negativas. Aprendimos a cuidar tanto de nuestro cuerpo como de nuestra mente a través del sueño, la nutrición y la actividad física. También exploramos técnicas como la meditación, la atención plena y la reestructuración cognitiva para gestionar el estrés y los patrones de pensamiento negativos.

En nuestra búsqueda de una autoimagen positiva y realista, desafiamos la autocrítica con autocompasión y aprendimos a celebrar nuestros logros y fortalezas. Abordamos la importancia de establecer metas realistas, mantener relaciones saludables y utilizar la creatividad como una vía de escape emocional. Además, aprendimos a prevenir recaídas y a integrar estas herramientas en una vida saludable y resiliente.

Este viaje no es lineal ni exento de desafíos, pero cada capítulo nos ha proporcionado herramientas que nos permiten enfrentar con confianza los altibajos de la vida. Recordemos que la sanación y el crecimiento son procesos continuos y que merecemos dedicarnos tiempo y esfuerzo para nuestro propio bienestar emocional y mental.

Enfrentando las sombras: herramientas prácticas para manejar la depresión y la ansiedad, es un recordatorio constante de que tenemos el poder de influir en nuestra propia salud mental. A través de la comprensión, la autenticidad y la aplicación constante de las herramientas que hemos aprendido, podemos enfrentar las sombras con valentía y cultivar una vida llena de bienestar, resiliencia y satisfacción.

Referencias

Libros:

1. Alonso Puig, M. (2017). Vivir es un asunto urgente. Editorial Espasa.

2. David, P. (2012). Ansiedad 101: Cómo detener ataques de pánico y recuperar tu vida. Amazon Digital Services.

3. Foreman, E. I., & Pollard, C. (2016). Superar la ansiedad y la depresión. Editorial Amat.

4. Harris, R. (2014). La Trampa de la Felicidad: Deja de sufrir, comienza a vivir. Editorial Urano.

5. Hincapié Vélez, C. (2019). Tú puedes superar la depresión. Editorial Planeta.

6. Kabat-Zinn, J. (2013). Mindfulness en la vida cotidiana: Donde quiera que vayas, ahí estás. Editorial Kairós.

7. Santandreu, R. (2011). El arte de no amargarse la vida. Ediciones B.

8. Solnit, R. (2014). Los hombres me explican cosas. Ediciones de La Central.

9. Tolle, E. (1997). El poder del ahora: Un camino hacia la realización espiritual. Editorial Gaia.

10. Vivas, E. (2017). La mente está en la barriga. Editorial Lumen.

Sitios web:

1. Anxiety and Depression Association of America (ADAA): https://adaa.org/

2. Mayo Clinic - Anxiety: https://www.mayoclinic.org/diseases-conditions/anxiety

3. Mayo Clinic - Depression: https://www.mayoclinic.org/diseases-conditions/depression

4. National Alliance on Mental Illness (NAMI): https://www.nami.org/

5. National Institute of Mental Health (NIMH): https://www.nimh.nih.gov/

Made in United States
Orlando, FL
10 December 2023